本丛书得到国家社科基金重大项目《把握经济发展趋势性特征，加快形成引领经济发展新常态的体制机制和发展方式研究》（批准号 15ZDC009）和深圳市人民政府委托重大项目《加快发展新经济的体制机制问题：中国发展新经济的问题与对策研究》的资助

中国改革新征途：
体制改革与机制创新丛书

A New Journey in China's Reform:
A Collection of System Reform and Mechanism Innovation

新经济发展与制度选择

New Economic Development and Institutional Choice

孙 飞◎著

人民出版社

策划编辑:郑海燕
责任编辑:郑海燕　张　燕
封面设计:林芝玉
责任校对:吕　飞

图书在版编目(CIP)数据

新经济发展与制度选择/孙 飞 著. —北京:人民出版社,2017.11
　　(2019.4 重印)
(中国改革新征途:体制改革与机制创新丛书)
ISBN 978－7－01－018004－5

Ⅰ.①新…　Ⅱ.①孙…　Ⅲ.①中国经济-经济发展-研究
Ⅳ.①F124

中国版本图书馆 CIP 数据核字(2017)第 189123 号

新经济发展与制度选择
XINJINGJI FAZHAN YU ZHIDU XUANZE

孙 飞 著

人 民 出 版 社 出版发行
(100706　北京市东城区隆福寺街 99 号)

北京盛通印刷股份有限公司印刷　新华书店经销

2017 年 11 月第 1 版　2019 年 4 月北京第 3 次印刷
开本:710 毫米×1000 毫米 1/16　印张:12
字数:147 千字

ISBN 978－7－01－018004－5　定价:40.00 元

邮购地址 100706　北京市东城区隆福寺街 99 号
人民东方图书销售中心　电话 (010)65250042　65289539

总　序

　　一部中国改革史，其实也是一部制度和体制机制变迁的历史。在中国经济进入新常态的大环境下，制度改革、制度创新和体制机制变迁的作用更加凸显。党的十八大以来，以习近平同志为核心的党中央强调，"摆在我们面前的一项重大历史任务，就是推动中国特色社会主义制度更加成熟更加定型，为党和国家事业发展、为人民幸福安康、为社会和谐稳定、为国家长治久安提供一整套更完备、更稳定、更管用的制度体系"。①"到二〇二〇年，在重要领域和关键环节改革上取得决定性成果，完成本决定提出的改革任务，形成构建系统完备、科学规范、运行有效的制度体系，使各方面制度更加成熟更加定型"②，推进国家治理体系和治理能力现代化。党的文献中首次出现并重点强调"制度体系""制度定型"的概念，让世界看到新一轮改革的制度取向。

　　今天中国的改革，已经进入以强化制度建设为核心的全面深化改革阶段。"制度改革"始终聚焦重要领域和关键环节，"制度创新"始终注重顶层设计和配套衔接，综合部署"弹钢琴"，使一系列制度体系愈加成熟定型。改革不是单个领域体制的调整和修补，而是各方面体制

---

　　① 《习近平谈治国理政》，外文出版社 2014 年版，第 104—105 页。
　　② 《十八大以来重要文献选编》(上)，中央文献出版社 2014 年版，第 514 页。

与制度的创新;不是某个领域体制改革的单向推进,而是各领域、各层次的系统推进;不是止步于改革体制机制,而是要着眼于制度聚合与集成,形成总体性的制度成果和制度文明。以制度建设巩固改革开放的成果,以制度创新激发社会活力,增进全体人民福祉,这是全面深化改革不遗余力推进制度创新的深层逻辑。

我国仍然处在社会主义初级阶段,在跨越"中等收入陷阱"的进程中,完善社会主义市场经济体制具有特殊的紧迫性。经济发展进入新常态以来,党中央、国务院提出了供给侧结构性改革的战略部署,核心要义是优化制度供给,形成引领经济发展新常态的好的体制机制。可以说,本套丛书的研究也契合了制度供给侧改革的理论和实践,并得到了国家社会科学基金重大项目《把握经济发展趋势性特征,加快形成引领经济发展新常态的体制机制和发展方式研究》(编号 15ZDC009)的资助。

党的十八大以来,党和国家的事业发生历史性转变,我国发展站到了新的历史起点上,中国特色社会主义进入了新的发展阶段。党的十九大开启中国发展的新篇章,社会主义现代化强国建设的新征程拉开大幕,客观上要求中国特色社会主义制度体系更加成熟定型。本套丛书意在为推进我国重要领域和关键环节的制度建设,提高国家治理能力现代化提供有益借鉴。

张占斌

2017 年 8 月

于国家行政学院

目　录

前　　言

　　经济全球化背景下,由信息技术革命和制度创新催生的新技术、新产业、新业态、新要素、新材料等新经济呈现蓬勃发展的态势。新经济的发展正在带来一场影响深远的社会经济形态变革,以其颠覆性技术、创造性破坏,不断催生经济新模式,呈现出高智慧、轻资产、零成本、微行为、众力量等新特征。从中国发展实践看,随着创新驱动发展战略和"互联网+"行动计划的稳步推进,新经济发展态势良好,已经显著地改变了中国经济的总体构成,正在引领着经济增长新周期。实施"中国制造2025"发展战略已经迈入新阶段、共享经济作为一种新兴商业模式已从之前的生根发芽到如今的渐成主流、爆炸式增长的互联网金融从"野蛮生长期"逐步走向规范、迅猛发展的电子商务重塑着人们的消费模式,这些都对经济增长的贡献日益显著。

　　党的十八大以来,党中央、国务院高度重视新经济的发展。2016年5月30日,习近平总书记在全国科技创新大会上明确指出,"一些重大颠覆性技术创新正在创造新产业、新业态,信息技术、生物技术、制造技术、新材料技术广泛渗透到几乎所有领域"。客观上要求我们必须紧紧抓住新一轮的科技和工业革命的历史性机遇,实施"弯道超车战略"。李克强总理在2016年的《政府工作报告》也明确指出,"中国未来将处于这样一个关键时期,壮大培育新动能,加快发展新经济"。由此可见,建设创新型国家和世界科技强国,加快发展新经济注入新动力,实现新旧发展动能交替转换,在经济不断分化的态势下打造经济增长新引擎,是这个时代赋予我们伟大的历史使命。

当前,中国经济发展已经进入新常态,新常态呼唤新经济,新经济需要新体制。自2016年3月,国家对发展新经济和培育新动能作出了决策部署一年多以来,从共享单车监管到跨境电商新政出台,彰显了政府积极治理,使新经济发展取得了阶段性成效。但是,目前发展新经济依然面临着一些法律法规建设滞后、配套的制度体系不健全、监管体制机制僵化、社会信用体系建设能力不足等一系列突出矛盾和问题。以及对新经济的内涵和外延特征,发展规律、路径、整体架构和配套政策等研究不足,严重掣肘新经济的长足发展。除此之外,新经济发展实践中也存在一些弊端,诸如新经济产业结构不合理,电子商务"一股独大",还远未形成以"智能制造"为主导的现代产业体系;互联网金融平台治理能力较弱,"跑路"现象时有发生;共享经济模式对大中型企业间"经济剩余"的激活能力远远不够等等。从美国经济发展历程看,新经济是一种新的技术经济范式,是未来经济转型升级的方向,需要治理的新思维、需要顶层制度的重新设计、需要监管方式的转变、需要监管技术的创新升级等等。据此,笔者提出"新经济发展与制度选择"的研究命题。

本书的架构分为七个部分:第一章是全面认知新经济,从新经济发展的国际国内背景、不同历史阶段新经济概念的发展、基本特征、发展现状和重要性等层面让读者全面认识新经济;第二章是20世纪90年代美国发展新经济的经验再审视,详细分析提炼了美国技术创新、制度演化和经济全球化助推技术经济范式转型升级——新经济发展的经验;第三章是阐述了"中国制造 2025"的新阶段、面临的主要问题,以及制度变革的重点和取向;第四章阐述了我国共享经济的发展现状、问题和监管制度选择;第五章阐述了我国互联网金融的发展现状、存在问题和监管改革重点;第六章阐述了我国电子商务发展历程、现状,面临的主要问题和制度选择;第七章是从宏观层面综合分析中国发展新经济面临的机遇和挑战,提出了加快发展新经济的八大战略举措。

笔者期待本专著能为化解新经济与"旧体制"冲突提供些新的思路和建议,为党的十九大成功召开、为国家新经济发展战略规划的制定、重点领域和关键环节的制度建设有所裨益。

孙 飞

2017 年 6 月 20 日

第一章　全面认知新经济

第一节　新经济提出的历史背景

一、新经济提出的国际背景

从当前世界经济发展形势来看,世界各国还没有彻底走出金融危机的阴霾,经济复苏动力依然不足,全球市场需求萎靡不振,国际贸易和投资增速连续多年下滑。但是全球新一轮信息技术驱动的新经济发展动力强劲,亮点纷呈。整体看来,全球经济发展形势可谓喜忧参半,新经济发展的外部环境既面临着全球经济下行压力的严峻挑战,又恰逢新一轮产业革命和技术革命的契机。

(一)世界经济复苏动力不足,增长中不确定性因素增多

2015 年 11 月 15 日,习近平总书记在 G20 峰会上对世界经济形势作出了四点最新判断,强调国际金融危机以来,世界各国分别采取一些积极的财政、货币政策措施,一定程度上起到了稳定市场和扭转颓势的作用。但一个基本判断是,国际金融危机深层次影响还在继续发酵,世界经济格局仍然处在深度的调整期。从经济发展的历史实践来看,这次国际金融危机影响程度远超以往历次危机,对全球经济增长的冲击

力非常大,解决起来需要综合施策,绝非一日之功。这就是为什么国际金融危机发生已经 9 年了,当前世界经济恢复仍然缓慢、增长动力仍然脆弱的原因。① 2016 年 7 月 29 日,李克强总理在谈世界经济形势与中国经济发展中指出,当前世界经济复苏乏力,全球贸易持续低迷,以保护主义、孤立主义为代表的"逆全球化"思潮抬头,地缘政治风险上升,英国公投脱欧等带来新的复杂变化。从全球经济发展实践看,2017 年世界经济增长形势依然不容乐观。当前国际金融危机深层次影响还在继续发酵,世界经济复苏动力不足,全球市场总需求持续萎缩,连续五年全球贸易和国际投资增速下滑,金融市场脆弱性不断加大,全球债务水平持续上升,贸易保护主义等"逆全球化"思潮抬头迹象明显,英国正式开启脱欧进程,地缘政治风险和全球反恐维稳压力不断升级等。毋庸置疑,世界经济发展仍处于深度的结构调整期,主要体现在以下三个层面:一是贸易保护主义抬头迹象明显,经济复苏动力不足。2015年国际货币基金组织(IMF)总裁拉加德提出,世界经济这艘巨轮正行驶在"浅水域",即处于低速增长的新常态。美国金融危机后,全球受到融资约束、经济和政策环境不确定性以及投资壁垒的影响,各国投资尤其是私人投资增速放缓。投资放缓不仅对短期经济增长预期产生一定负面影响,还会造成单位劳动使用的资本增长放慢,并阻碍劳动生产率的提升。根据新制度经济学的观点,全要素生产率增长放缓除了由于技术进步对世界经济增长的促进作用减弱以外,还由于国际层面和各国内部仍然存在诸多阻碍全要素生产率提升的制度因素。当前美国经济政策随着政府更替而前景变得不明朗,政策效果的稳定性和连续性不尽满意。尤其是,特朗普保护主义政策和美国加息的预期变化,使

---

① 习近平:《在 G20 峰会上的讲话》(全文),新华社,2015 年 11 月 16 日。

得美国已经成为导致世界经济不稳定的源头。英国《金融时报》甚至援引欧洲一名资深贸易官员的话说："美元升值可能是贸易战的开端。"2017年特朗普政府执政以来,一方面美国加息预期变化反复扰乱国际金融市场,增加全球金融市场的动荡性和风险性。另一方面,特朗普承诺的贸易保护主义政策密集出台的同时,也引发全球范围内新一轮贸易保护主义抬头,导致国际贸易和投资规模持续下滑,逆全球化趋势抬头迹象明显,国际贸易低增长已经成为影响全球经济复苏的重要制约因素。虽然世界经济复苏乏力本身也是国际贸易低增长的一个原因,但是国际贸易低迷还有国际贸易体制与国际经济格局变动方面的内在原因,从而造成世界经济增长速度进一步下滑。二是世界金融市场风险持续加大,量化宽松政策收效甚微。2008年国际金融危机以来,世界各国央行纷纷采取向市场大量注入流动性,采取量化宽松货币政策间接刺激经济复苏。毋庸讳言,全球低利率以及部分央行的负利率政策进一步推进,不仅降低了商业银行的利差收入和整体赢利水平,还极大降低了抵御风险的能力,增加全球市场的脆弱性。同时也损害了长期投资者的利益,迫使他们转向高风险的短期投资,增加资本市场的风险性。可以说,全球债务水平的持续上升,低利率及负利率政策,是悬挂在世界金融市场上的"达摩克利斯之剑",随时有可能引爆下一场全球金融危机。在2016年3月的议息会议上,欧洲央行实行扩大量化宽松货币政策,不仅将隔夜存款利率下调10个基点至-0.4%,还将主要再融资利率和隔夜贷款利率分别下调至0.0%和0.25%;还宣布将月度购债规模从之前的600亿欧元大幅增加至800亿欧元,高于市场预期的750亿欧元。尽管如此,欧元区经济复苏情况仍未见明显起色,法国、意大利、西班牙、葡萄牙及希腊等国家债务负担依然严重,亟须欧元区各国政府进行深度的结构性改革。此外,欧洲外部的风险也在拖累欧元区复苏的步伐,如欧洲难民危机、反恐压力的不断升级,以及英国退出欧盟带来了不确定性风险等等。再看日本经济,随着日本人口出现逆增长、社会加速老龄化以及政府负债大幅提升,日本似乎很难长期维持在 0.5% 左右的经济增速。当前经济形势回暖压力依然较大。IMF 预计 2017 年为 -0.1%。内需不振持续成为抑制日本经济增长的主要因素。为了提振经济,日本 2017 年 1 月推出了负利率政策。同时,执行量化宽松计划,以每年 80 万亿日元的速度从市场上买进资产。这也是日本首相安倍晋三所谓"安倍经济学"的关键武器,寄希望借助于低利率政策降低企业和家庭的储蓄意愿,扩大消费、贷款或投资意愿。从目前发展形势来看,收效甚微,经济回暖压力依然较大。① 三是世界经济潜在增长率下降,不确定性因素增加。根据国际国内权威机构预测,2017 年世界经济增长率稍高于 2016 年增长率,但其中的不确定和不稳定因素依然很多。据国际货币基金组织预测,2017 年按 PPP 计算的世界 GDP 增长率为 3.4%。其中发达经济体 GDP 整体增长 1.8%(美国增长 2.2%、欧元区增长 1.5%、日本增长 0.6%,其他发达经济体增长 1.9%),新兴市场与发展中经济体 GDP 整体增长 4.6%(中国增长 6.2%、印度增长 7.6%、俄罗斯增长 1.1%、巴西增长 0.5%、南非增长 0.8%),按照市场汇率计算,2017 年世界 GDP 增长率为 2.8%。总体来看,国际货币基金组织认为 2017 年的世界经济增长率会高于 2016 年。但是根据中国社会科学院的预测,2017 年受潜在增长率下降、金融风险加剧、贸易主义抬头,逆全球化趋势,特朗普政府的政策调整,英国脱欧进程的加快、欧洲内部政治冲突和日本通货紧缩等问题的强力干扰,世界经济形势依然在低迷期徘徊。预测经济增速比

---

① 陈文玲:《当前世界经济形势发展的新趋势与新特征》,《南京社会科学》2016 年第 5 期。

国际货币基金组织和其他国际组织的预测数值还要低,具体来说,按PPP 计算世界经济 GDP 的增长率约为 3%,按照市场汇率计算世界经济 GDP 的增长率为 2.4%[①]。以上数据显示,世界经济格局仍然处在深度调整期,经济回暖趋稳面临的不稳定和不确定因素增多。2017年,中国经济和全球经济都存在相当大的不确定性,整个世界经济被各种风险事件包围,中国经济产业结构正在艰难调整,去产能去库存降成本扩内需仍有很长的路要走。国际上,英国启动"脱欧"谈判,法国、德国等举行大选,美国未来政策取向以及美联储加息进程,将是世界经济面临的最大不确定与不稳定因素。全球性高债务与低增长形成恶性循环,也是世界经济恢复健康发展的最大障碍。同时,这些风险事件也直接影响着中国经济的良性和持续发展。

对此,中国必须作出清醒认识和正确判断,在面对挑战和困难的同时,培育经济增长新动力。在推动全球治理体系的变革和全球经济宏观协调机制建设的同时,应把主要精力放在做好自己国家的事情上。以"十三五"规划、"一带一路"和创新驱动发展等国家发展战略为指引,贯彻落实五大发展理念,适应把握引领经济发展新常态,着力推动供给侧结构性改革,构建满足人民群众日益增长需求的供给体系和结构,推动我国经济持续健康发展,继续为世界经济的发展发挥积极重要的作用。

(二)世界新经济发展亮点纷呈,增长态势良好

从 2008 年全球金融危机发生以来,世界经济发展的旧动能和动力趋于弱化,市场需求持续低迷不振,经济复苏受到众多因素阻碍和掣肘。但是,随着全球经济新格局的建立,世界经济将在新旧动能转换、

---

① 张宇燕、姚仲枝:《2017 年世界经济形势》,《中国经济报告》2017 年第 3 期。

调整变革和制度重塑中培育新引擎。从影响世界经济发展的短期变量来看,经济增长仍然具有新动力、新动能和新亮点。以新一代信息技术为主导的技术革命正在催生着新业态、新模式、新产业等新经济蓬勃发展,以全球互联网技术和智能制造为代表的新经济正在重塑国际产业分工体系和竞争格局。一方面,全球发达工业国家积极推进"再工业化"和"工业4.0"等战略,主动适应从IT时代向DT时代转型发展,技术创新和制度创新协调推进,重塑和抢占全球制造业竞争中的制高点。另一方面,全球发达国家积极挖潜新经济发展中的先发优势,纷纷加大对新技术、新产品、新产业的研发投入力度,抢占未来产业发展和国际竞争的制高点。除此之外,世界新兴经济体国家也在充分把握新一轮科技和产业革命正在创造的历史性机遇,加快实施创新驱动发展战略,挖掘"互联网+"、分享经济、跨境电商、互联网金融、3D打印、智能制造等新理念、新业态中蕴含的巨大商机。与此同时,新兴经济体也在大力推进结构调整升级,积极承接国际产业转移,更加重视发展高端制造业。可以说,处于新旧动力转换、经济转型、创新变革和调整中的世界新经济正在涌现出若干新亮点。例如,作为世界新经济的典型企业Facebook,可谓当前国际新经济发展中的新样板。Facebook公布2017财年第一季度财报,报告显示公司该季度营收80.32亿美元,2016年同期为53.82亿美元,同比增长49%;按照美国公认会计原则(GAAP),净利润为30.64亿元,2016年同期净利润17.38亿美元,同比增长76%;合摊薄后A类和B类普通股每股利润为1.04美元,2016年同期为每股利润0.60美元,同比增长73%。

整体看来,国际经济发展形势不太乐观,经济增长新旧动能转化速度较慢,经济结构调整步伐迟缓,逆全球化思潮抬头,全球经济格局进入深度调整期。导致中国外部需求出现常态化萎缩,支撑中国经济高度增长的外需环境发生了巨大变化。但是,全球新一轮科技革命和产业革命浪潮给中国也带来了新的发展契机,应该把握一切国际国内的战略机遇,全面推进供给侧结构性改革,实施创新驱动发展战略,加快发展新经济,培育壮大新动能。

二、新经济提出的国内背景

(一)中国经济已经步入新常态,经济结构进入深度调整期

党的十八大以来,以习近平同志为核心的党中央,适时作出了中国经济发展进入新常态的重大判断,形成以新发展理念为指导、以推进供给侧结构性改革为主线,坚决贯彻稳中求进工作总基调的经济政策的框架。首先必须站在战略全局的高度,遵循认识、把握和引领经济新常态的大逻辑,把握好经济发展新常态的发展趋势性特征,充分认识到,当前经济增长从高速增长转向中高速增长,这是经济新常态的表象特征;发展方式从规模粗放型增长转向集约增长,这是经济发展新常态的基本要求;产业结构从中低端抓紧迈向中高端水平,这是经济发展新常态的主攻方向;增长动力从要素和投资驱动转向创新驱动,这是经济发展新常态的核心内涵;尤其是资源配置方式实现了从市场配置起基础性作用转向起决定性作用,这是经济新常态的机制保障①。当前,我国经济发展处于新旧动能转换的关键时期,经济发展的内在支撑条件和外部需求环境已发生了深刻变化。经济发展进入新常态以来,经济增长速度换挡,增长目标向合理区间收敛,经济增长动力不足迹象明显,形成经济增长的"L"型,主要是一方面传统经济产能存在严重过剩,供求关系存在严重失衡;另一方面,新经济增长动力还不够强劲,创新驱

---

① 国家行政学院经济学教研部:《中国经济新方位》,人民出版社 2017 年版,第 35 页。

动发展的能力和效率不高。从微观企业层面来看,生产经营困难增多,自主创新能力不够、营商环境欠佳、产业和产品结构转型升级缓慢。与发达国家相比,中国在科技创新、新兴产业发展领域与发达国家仍存在较大差距,传统制造业成本竞争优势逐渐弱化,国际经贸规则逐步向高标准和"边境后"延伸是大势所趋①。准确说来,当前中国开放广度和深度还不能适应经济全球化和国际经贸体系变革的新形势。

综上,可以说,经济发展新常态的趋势性特征倒逼加速推动经济增长新旧动力转换,传统增长动力的不足呼唤新的增长动能。

(二)推进供给侧结构性改革,破解重大结构性失衡

供给侧结构性改革是稳定经济增长的治本良药。深入推进供给侧结构性改革,就是新经济腾挪空间,盘活金融和人力资本资源,旨在实现新的供求关系均衡。2015 年中央经济工作会议作出了推进供给侧结构性改革的重大战略部署。从中国当前的经济发展实践来看,重大结构性失衡问题主要在供给侧,供给侧结构性改革的主要任务是重点推进"三去一降一补",旨在破解当前供求关系中产能过剩、库存过大、杠杆偏高、成本高企、短板约束等重大结构性失衡问题,为经济持续健康发展扫清障碍、蓄积动能。准确地说,供给侧结构性改革的根本目的是提高供给质量满足需要,使供给能力更好地满足人民日益增长的物质文化需求,也凸显了以人民为中心的发展思想;供给侧结构性改革的主攻方向是减少无效供给、扩大有效供给,增加供给结构的适应性和灵活性;本质属性是深化改革优化制度供给,破除体制机制障碍,通过推进国有企业改革、行政管理体制改革,深化价格、财税、金融和社保等领域的基础性改革,厘清政府与市场的关系,为顺利推进供给侧结构性改

---

① 赵海娟:《国际经济发展趋势对中国的五大影响》,《中国经济时报》2016 年 11 月 17 日。

革创造有利条件,加速破解当前供求关系中重大结构性失衡问题。2016年中央经济工作会议强调,2017年经济工作要坚持稳中求进的总基调,继续深化供给侧结构性改革,推进"三去一降一补"任务有实质性进展。要继续推动钢铁、煤炭行业化解过剩产能,要抓住处置"僵尸企业"这个牛鼻子,严格执行环保、能耗、质量、安全等相关法律法规和标准。同时,用市场、法治的方法做好其他产能过剩行业去产能工作。去库存方面:要坚持分类调控,因城因地施策,重点解决三四线城市房地产库存过多问题。去杠杆方面:要在控制总杠杆率的前提下,把降低企业杠杆率作为重中之重。要支持企业市场化、法治化债转股,加大股权融资力度,加强企业自身债务杠杆约束等,降低企业杠杆率,要规范政府举债行为。降成本方面:要在减税、降费、降低要素成本上加大工作力度。要降低各类交易成本特别是制度性交易成本,减少审批环节,降低各类中介评估费用,降低企业用能成本,降低物流成本等。补短板方面:要从严重制约经济社会发展的重要领域和关键环节、从人民群众迫切需要解决的突出问题着手,既补硬短板也补软短板,既补发展短板也补制度短板。面对国内外多重困难挑战和经济下行压力,政府应该稳定宏观政策取向,着力推进结构性改革尤其是供给侧结构性改革,积极发展新经济,培育新动能,改造和提升传统动能。使中国经济在加速转型升级中平稳增长,在平稳增长中加快转型升级。

(三)培育壮大新动能,加快发展新经济

当前,中国经济发展已进入新常态,站在新的历史起点,应以更高境界、更大格局和更宽视野把握"十三五"时期经济发展的战略机遇。面向经济发展主战场,由现代信息技术革命和制度创新驱动的新经济正承担着中国发展新引擎的战略考量。2016年5月30日,习近平总书记在全国科技创新大会上的讲话中指出,当今世界新一轮科技革命蓄势待发,一些重大颠覆性技术创新正在创造新产业新业态,信息技术、生物技术、制造技术、新材料技术、新能源技术广泛渗透到几乎所有领域。在 G20 峰会上也强调:世界经济长远发展的动力源自创新。总结历史经验,我们会发现,体制机制变革释放出的活力和创造力,科技进步造就的新产业和新产品,是历次重大危机后世界经济走出困境、实现复苏的根本。新一轮科技和产业革命正在创造历史性机遇,催生"互联网+"、分享经济、3D 打印、智能制造等新理念、新业态,其中蕴含着巨大商机,正在创造着巨大需求。同时,用新技术改造和提升传统产业的潜力也是巨大的。马建堂(2016)指出,中国经济之所以能够面对复杂严峻的国内外环境,顶住下行压力,实现 6.7% 的增长,很大程度上得益于新经济的异军突起。由此看来,新经济正在引领着经济增长新周期。

2016 年,新经济首次写入《政府工作报告》,2016 年 3 月 5 日,在第十二届全国人大第四次会议上,李克强总理关于"双引擎"的论述为:经济发展必然会有新旧动能迭代更替的过程,当传统动能由强变弱时,需要新动能异军突起和传统动能转型,形成新的"双引擎",才能推动经济持续增长、跃上新台阶。当前我国发展正处于这样一个关键时期,必须培育壮大新动能,加快发展新经济,推动新技术、新产业、新业态加快成长。以体制机制创新促进"中国制造 2025"、电子商务、互联网金融、分享经济发展,做大高技术产业、现代服务业等新兴产业集群,打造动力强劲的新引擎。同时,重视运用信息网络等现代技术,推动生产、管理和营销模式变革,重塑产业链、供应链、价值链,改造提升传统动能,使之焕发新的生机与活力。由此看来,"抓新放旧"是未来政策的主基调,在稳增长的大背景下,只有发展新经济,加快传递新动能,旧经济才有调整的时间和空间。如此可见,在当前新旧动能转换的关键之际,党中央、国务院高度重视新经济的发展。在当前我国经济下行压力较大、产业结构分化、经济增长动能亟待转换的背景下,大力发展新经济既是积极应对新产业革命挑战的战略选择,也是我国通过供给侧结构性改革优化资源配置的战略要求。

当前,我国新经济整体发展态势良好。中国正在步入新一轮科技革命拓展期,颠覆性技术不断涌现,产业化进程加速推进,新的产业组织形态和商业模式层出不穷,由此而产生的经济增长的新要素、新动力和新模式不断壮大。具体地说,我国新经济中的"中国制造2025"、互联网金融、电子商务和共享经济的发展均取得了初步成效。在中国制造领域:华为2016年销售收入为5216亿元,净利润实现371亿元。2017年一季度,华为智能手机发货量3455万台,同比增长21.6%。在全球有52个国家第一季度智能手机发货量增速同比超过50%,其中有32个国家智能手机发货量增速同比超过100%。根据IDC发布的数据显示,华为智能手机全球市场份额进一步提升至9.8%,市场份额稳居全球前三。在电子商务领域:2016年3月,作为新经济代表的企业——阿里巴巴零售平台实现3万亿元人民币(约5000亿美元)成交额,可以比肩沃尔玛,成为全球新经济发展之中的大事。2016年,天猫"双11"当天交易额超过1207亿元,刷新世界纪录。京东交易额估计150亿元左右。在共享经济领域:据国家信息中心2016年发布的数据显示,2015年我国分享经济规模约为1.95万亿元,参与分享经济活动人数已经超过5亿人;标志性事件是2016年8月优步(Uber)宣布,Uber将把其中国业务优步中国与滴滴出行合并。其中滴滴出行和Uber全球将相互持股,成为对方的少数股权股东。合并后,新滴滴估值为350亿美金;Uber全球逐步退出中国市场,接着eBAY、MSN在中国的失败。在互联网金融领域:互联网金融在野蛮生长之后,正在迎来规范发展的新常态。进一步促使互联网金融回归金融本质,规范开展服务,服务实体经济,更好地满足企业和个人的投融资需求。2015年中国第三方支付移动支付市场的交易规模达到163626亿元,同比增长104.2%。2015年中国第三方支付互联网支付世行交易规模达到140065.3亿元,同比增长55.4%。据《2016年中国互联网金融安全报告》显示,互联网金融行业成交额接近19544亿元,成交量曲折上升。平台成交量整体呈上升趋势,而正常运营平台一直环比下降,可见行业集中趋势正在显现。

尽管,当前中国新经济发展态势良好,一方面,以华为、联想、海尔、格力等为代表的大型企业专注于核心技术的研发,凭借大量技术专利开拓国际市场,将中国制造辐射到全球。另一方面,数以万计的中小微企业从自身实际出发,小步快跑、快速迭代,走出一条低成本低投入和高回报的创新之路。

但是,我们必须立足于世界经济发展的舞台,全面客观认识我国新经济的发展与发达国家的差距。以智能制造为主导的新经济产业体系还未形成,信息化和工业化的深度融合还不够。目前,尽管世界排名前十的互联网企业我国占有四家,美国占六家,新经济——电子商务发展"一股独大",电子商务是中国第一个稳定超越美国而稳居世界互联网第一的重要领域。但是中国互联网企业总产值还不到美国互联网企业总产值的四分之一(见表1-1)。而全球排名前十的工业自动化企业我国榜上无名(见表1-2)。在波士顿咨询公司发布的"2015全球最具创新力企业50强"中,中国仅有3家公司入榜,而入选的美国企业达29家。以上数据显示,中国在互联网技术、技术创新能力、智能制造等方面远远落后于美国。从新经济产业结构层面看,中国目前新经济的结构比较单一,还没有形成"互联网+工业制造"为主导的现代产业体系,新经济在国民经济中的地位和创造财富的能力比较低。中国的新经济发展本质是现代信息技术和网络技术的应用领域集中于社会剩余资源的整合,是社会大生产中生产关系的调整和优化阶段,还没有实现信息化与工业化的深度融合,没有形成驱动中国经济发展的双发动机的动力机制。而美国等发达国家利用现代信息技术企业层面主要聚焦于智能制造、高端装备、新材料和生物医药等战略重点领域,属于社会化大生产中生产力的提高范畴,切实形成了经济增长的强劲动力,极大创造了社会财富。

表 1-1　全球互联网企业最新排名及营收值

排名	公司	地区	总市值	2017年已有报告收入	2016年收入	2015年收入
1	Apple	美国	7832.04 亿美元	1312.47 亿美元	2156.39 亿美元	1827.95 亿美元
2	Google	美国	6493.2 亿美元	247.5 亿美元	902.72 亿美元	749.89 亿美元
3	Amazon	美国	4465 亿美元	357.14 亿美元	1359.87 亿美元	1070.06 亿美元
4	Facebook	美国	4354.2 亿美元	80.32 亿美元	276.38 亿美元	179.28 亿美元
5	腾讯	中国	23105.74 亿港币	—	1523.44 亿人民币	1028.63 亿人民币
6	阿里巴巴	中国	2895.75 亿美元	1196.94 亿人民币（2016年3月31日至2016年9月30日）	1011.43 亿人民币（2015年3月31日至2016年3月31日）	762.04 亿人民币（2014年3月31日至2015年3月31日）
7	Princeline	美国	947.3 亿美元		107.43 亿美元	92.24 亿美元
8	Uber	美国	未上市（估值680亿美元）			

续表

排名	公司	地区	总市值	2017年已有报告收入	2016年收入	2015年收入
9	百度	中国	615.32 亿美元	168.91 亿人民币	705.49 亿人民币	663.82 亿人民币
10	蚂蚁金服	中国	未上市（估值600亿美元左右）	—	—	—

资料来源：笔者根据各公司网站数据整理。

表1-2　全球十大工业自动化企业最新排名及营收值

排名	公司	地区	总市值	2017年一季报	2016年收入	2015年收入
1	通用电气公司	美国	2549.4 亿美元	276.6 亿美元	140.389 亿美元	1151.59 亿美元
2	西门子	德国	4589.9 亿欧元	—	876.6 亿美元	—
3	日立	日本	66.38 亿美元	—	835.83 亿美元	—
4	博世公司	德国	—	—	783.23 亿美元	—
5	松下	日本	—	—	629.21 亿美元	—
6	霍尼韦尔国际公司	美国	—	—	385.81 亿美元	—
7	三菱电机股份有限公司	日本	—	—	366.04 亿美元	—
8	瑞士ABB集团	瑞士	—	—	354.81 亿美元	—
9	施耐德电气	法国	—	—	295.51 亿美元	—
10	艾默生电气	美国	—	—	223.04 亿美元	—

资料来源：http://www.toutiao.com/a6433679411414476034l.

第二节　新经济的概念特征与发展现状

一、新经济的概念

（一）第一阶段：20 世纪 90 年代美国新经济发展时期

20 世纪 90 年代以来美国新经济得以迅速发展，其信息技术的快速发展和宏观经济运行"两低一高"的良好态势，成为美国甚至是世界学者研究的焦点。从新经济概念的演进历程看，1990 年，托夫勒发表了其历经 30 年的重磅研究成果《力量转移》，指出了 21 世纪影响人类社会的力量已经从暴力和财富向知识转移，其多次使用"新经济"这一概念表示这种以信息和知识为基础的新体系。接着，美国学者安东尼·帕特里克·卡尔内瓦莱在其专著《美国和新经济》、罗伯特·莱奇在其著作《国家的作用——21 世纪的资本主义前景》等对新经济是什么做了初步阐述。1994 年，美国《财富》杂志在《认识新经济》一文中指出。我们正在处于新经济时代，微处理器、芯片、激光传输等已经成为新经济发展的主要动力。1996 年，美国《商业周刊》记者迈克尔·曼德尔撰写的《新经济的胜利：全球化和信息革命的强劲汇报》一文中首次正式提出新经济概念，新经济一般被认为是技术变革和制度创新引起生产力发展出现重大突破的一种表现形式，是建立在信息技术和其他高科技层面的知识经济。2002 年，中国学者宋玉华在其专著《美国新经济研究》中比较系统全面地阐述了新经济的概念，认为新经济是一场影响深远的经济革命，既是技术—经济范式的转型过程，从工业经济社会向信息、数字和知识经济社会的转变，也是一场在新的历史条件下以工业经济为起点的、以美国 20 年制度演化、技术创新和经济全球化为动力的新的经济革命。新经济的"新",表明经济运行和增长模式的基本特征发生了质的变化,从本质上讲,其是人们对人类社会在新的技术条件下表现出来的新的经济增长模式及其运行规律的高度概括。综合美国新经济发端历程,可以说,新经济是站在工业经济社会历史起点,以信息技术为主导的技术创新、制度创新和经济的全球化共同缔造了一种高增长率、低失业率和低膨胀率的理想的社会经济形态。

(二)第二阶段:21 世纪新经济发展时期

进入 21 世纪以来,随着新一轮全球科技革命和产业革命的高潮推进,在世界经济政治格局深度调整和中国经济体不断转型升级情境中,新经济概念的内涵外延都发生一些深刻变化,新经济已从纯粹的信息技术层面拓展到重大的结构调整、方式转变和制度演化等经济发展阶段性特征的复杂综合体,已经成为中国经济发展新常态下的一个复合概念。国内学者也对中国情境下新经济的概念和内涵进行了深入探讨,如国家行政学院常务副院长马建堂认为,新经济是指在经济全球化条件下,由新一轮科技革命和产业革命所催生的新产品、新服务、新产业、新业态、新模式等"五新"的综合。新经济的核心技术包含互联网、大数据、云计算、物联网、智能化、传感感应技术等。新经济当前已经从技术变革层面拓展到企业运行、产业融合、社会生活、人类交往的各个维度,正在展现它推动产业融合、经济转型升级和社会变迁进步的巨大能量。新经济发展的根本动力是新技术革命,尤其是信息技术、生物技术、制造技术、新材料技术的革命。新经济的基本形态是"互联网+",新经济的实质是通过互联网、物联网、移动智能终端等信息技术,借助云计算能力,把无限多的供给与需求、把无限多的生产要素和无限广阔的市场适时结合与对接,从而创造新的产品、新的服务、新的业态、新的模式。中国社会科学院工业经济所所长黄群慧(2016)指出:现在新经济已不再主要指美国的经济现象,而是指世界范围新一轮科技和产业革命所驱动的经济活动和经济形态,其技术革命基础虽然还是以互联网、物联网、云计算、大数据、新一代通信等信息技术为主,但还包括智能机器人、增材制造、无人驾驶汽车等智能制造技术,以及纳米、石墨烯等新材料技术,氢能、燃料电池等清洁能源技术,基因组、干细胞、合成生物等生物技术。国务院参事室主任王仲伟认为,新经济是与五大发展理念并生的,新经济是绿色经济,低碳环保是新经济发展的重要目标。新经济是开放经济,兼收并蓄、博采众长是新经济发展的基本路径;新经济是共享经济,在共享中实现多方共赢,多方发展是新经济发展的不竭动力。还强调在推进全面建成小康社会的进程中,应主动适应把握引领经济发展新常态,关键要把握生产力发展的新动向。当前生产力发展的新动向就是新经济的发展,新经济是适应新需求的新供给。发展新经济是新常态下的必然选择,是稳增长之必需、调结构之必然。整体看来,国内专家学者对新经济概念和内涵的研究,已经取得了初步成效和积极进展,为新经济的快速发展提供了理论指导。

综合国内专家学者对新经济概念界定和内涵的理解,准确说来,新经济的概念可以这样界定:新经济是在新一轮全球科技革命和工业革命的背景下,由技术创新、制度创新和经济全球化推动的新产品、新服务、新技术、新模式、新业态和新产业等六新综合的经济形态,以及由现代信息技术、制度创新和经济全球化直接和间接催生的以新材料技术、新能源技术、生命科学技术、空间技术、海洋技术、环境技术和管理技术等七大高科技产业为龙头的经济范畴。

二、新经济的基本特征

新经济表现为基于现代信息技术产生的各类新产业、新业态和新模式,还表现为传统产业与新技术融合发展。新经济与传统经济的本质区别是它能进一步软化产业结构,催生高新技术产业,尤其是信息产业使经济持续增长。新经济基本特征是,在传统经济基础上发展起来的新产业和经济形态,主要依靠知识和创新驱动发展,而不是依靠要素驱动发展。新经济的发展模式是集约式发展,是传统经济的升级版,是市场经济的高级版。新经济的核心技术元素包含"互联网+"、大数据、云计算、物联网、智能化、传感技术等,是集 IT 革命、全球化、知识经济、创新驱动、智能制造于一体的一种经济新形态的展现。从驱动力量来看,经济的持续增长主要以知识的生产、传播应用和技术创新为支撑,知识资产的积累作为企业产业成长的关键要素,具备知识经济与创新经济的基本特征。同时,新经济通过不断的制度创新、技术创新和技术扩散来推广新技术的应用领域,进而转化为有效的生产力,创造出新产品和新服务来满足人类的新需求。从美国 20 世纪 90 年代新经济的发展历程看,整个宏观经济发展态势呈现低失业率、低通货膨胀率、低财政赤字率和高增长的特点[①]。从覆盖领域看,新经济涉及面较广,不仅包括一、二、三产业中的"互联网+"、云计算、物联网、电子商务等新兴产业,也包括工业制造当中的智能制造、大规模定制化生产等。正如习近平总书记所言:一些重大颠覆性技术创新正在创造新产业、新形态,信息技术、生物技术、制造技术、新材料技术和新能源技术广泛渗透到几乎所有领域[②]。

---

① 刘崇义:《试论美国"新经济"发展模式》,《财经科学》2001 年第 2 期。
② 习近平:《为建设世界科技强国而奋斗》,新华网,2016 年 6 月 1 日。

三、新经济的发展现状

（一）当前新经济发展态势良好

2016 年上半年,新经济发展态势良好,新的动力增长明显。据统计局数据显示,上半年高新技术产业投资增长 13.1%,战略性新兴产业增长 11.8%,网上零售额增长 28.2%,网约车、在线教育、移动医疗等各种商业模式蓬勃发展。2016 年上半年我国国民经济保持了总体平稳、稳中有进、稳中向好的发展态势。中国经济之所以能够面对复杂严峻的国内外环境,顶住下行的压力,实现 6.7 的增长,很大程度上得益于新经济的异军突起。从刚刚出炉的 2017 年第一季度数据显示:GDP 同比增长 6.9%,比 2016 年全年 GDP 的增速 6.7%高出 0.2 个百分点,可以说,得到了"中国制造 2025"、互联网金融、电子商务、共享经济等新模式、新业态的有力支撑。2017 年第一季度,高技术产业同比增长 13.4%,增速比规模以上工业快 6.6 个百分点,比上年全年快 2.6 个百分点。高技术产业投资增长 22.6%,增速快于全部投资 13.4%个百分点。与信息产业、高新技术等相关的经济都增长迅速,电子信息、生物医药、智能制造、节能环保、新能源和新材料等相关产品迅猛发展有直接关系。2017 年第一季度全国服务业生产指数同比增长 8.3%,其中的信息传输、软件和信息技术服务业等保持较快增长态势。2017 年第一季度战略性新兴产业增加值同比增长 10.3%,增速比规模以上工业高 3.5 个百分点,可见新动能得以快速增长,新经济发展态势良好。从电子商务领域看,根据麦肯锡对中国 266 个城市调查数据显示,中国的网络销售不仅仅是线下购物的替代渠道,实际上它真正刺激了新的消费。具体来说,整体网络零售中 39%属于新增消费,在三线以下城市,这一数据更是高达 57%,如果没有网络,这部分新增消费则可能被抑制①。

（二）新经济显著改变中国经济的总体构成

当前,新技术、新产业、新业态蓬勃发展,以体制机制创新促进分享经济发展,建设共享平台,做大高技术产业、现代服务业等新兴产业集群,打造动力强劲的新引擎。同时,运用信息网络等现代技术,推动生产、管理和营销模式变革,重塑产业链、供应链、价值链,推动新经济的发展。一方面改变着中国的需求结构和产业结构,消费贡献率进一步提升,服务业比重继续提高。与此同时,新经济自身占比也占到1/3。据北京大学国家发展研究院新经济指数显示,2016年1月至4月,新经济占比分别为29.4%、32.3%、32.1%、30.0%。从具体商业模式来,"互联网+"在低速挡上,主要通过以销定产,发挥着转型换挡的作用。例如,2016年全国钢铁类电子商务交易平台已经有300家,占大宗电商市场份额的27.6%,为缓解产能过剩,促进经济转型作出了贡献。2016年3月21日14时58分37秒,阿里巴巴的商品交易总额数字定格在3万亿。截至2016年3月31日,阿里巴巴已经成为全球最大的零售商。阿里巴巴全年营收超过沃尔玛公布的4821亿美元销售收入。3万亿元达到中国消费品零售总额的10%,显著改善了中美经济结构的变化。2016年上半年,中国跨境电子商务交易规模达2.6万亿元,同比增长30%。跨境电子商务成为网络拓展的新空间,一定程度上减缓了美国新一轮贸易保护主义政策对中国市场的强烈冲击。与此用时,中国电子商务的飞速发展一方面推动现代服务业转型升级,优化了产业结构和贸易结构。另一方面,中国的滴滴取代美国优步(Uber)的中国业务,随着优步(Uber)全球退出中国市场,以及eBAY、MSN在中

---

① 阿里研究院:《新经济的崛起:阿里巴巴3万亿的商业逻辑》,机械工业出版社2016年版,第119页。

国的失败,折射出中国的新经济发展势头不仅改变着中国经济的总体构成,也深刻影响着世界新经济结构的变化。

(三)新经济已经成为就业主体

从整体上看,新经济新业态支撑就业的能力超出预期,"互联网+"和电商等新型平台企业对就业拉动作用明显。如依托大数据、云计算、物联网等为传统制造业转型升级提供技术和信息服务的"卓朗科技公司",已为近 20 万名软件工程师搭建了就业平台;阿里巴巴公布的最新财报显示,公司创造的直接就业机会超过 1500 万个,并带动了 3000 万左右的间接就业;以滴滴出行为代表的"网约车"已成为分享经济的最佳样板,其出行平台已为 1330 万名司机提供了就业岗位。2016 年,分享经济得到党中央、国务院充分肯定,从党的十八届五中全会公报到"十三五"规划纲要都提出,要实施"互联网+"行动计划,发展分享经济。在《政府工作报告》中李克强总理也提到了"分享经济"。2016年,分享经济得到市场的热烈响应,例如全球最大的移动交通平台——滴滴出行平台上活跃着 3 亿乘客和超过 1000 万的注册司机。2017 年微商经济得以迅速发展,其特点是可以充分挖掘手机移动网络、足不出户、入门门槛比较低等一系列优势。仅需要在手机安装微信软件即可进入,将生意扩大到全国的范围,适合双创人员,特别是农村电子商务,比传统的实体店、淘宝网店门槛更低,可以创造出数百万个就业岗位。总的看来,以分享经济为代表的新经济改变了传统的商业模式、雇佣模式和就业模式,开辟了新的就业渠道和机会,能够吸纳产业转型升级过程中大量冗余的人力资源,有效缓解了供给侧结构性改革的分流安置和再就业压力。

第三节　发展新经济的重要性和紧迫性

新经济发展的根本动力是新技术革命,尤其是信息技术、生物技术、制造技术、新材料技术的革命。新经济的基本形态是"互联网+"和创新驱动,如出租车行业不是新经济,"互联网+"出租车产生了网约车行业,产生了滴滴、快的、优步,它们就是新经济。正是由于新经济的这一特质和巨大能量,发展新经济意义重大而深远。

一、发展新经济是引领"经济发展新常态"的必然选择

新经济是由技术变革和创新驱动的知识经济,发展新经济可以创造新动能、传递新动力。一方面发展新经济可以有效推动和催生新技术、新产业和新业态快速成长,创造新的供给和新的消费,助推消费结构升级,满足消费者日益变化的新需求,提升经济的内生性增长动力,进而突破"三期叠加"对中国经济发展的制约,有效遏制经济持续下行压力,顺利跨越"中等收入陷阱",可以更好地适应、把握、引领经济发展新常态。另一方面,发展新经济能牢牢把握以现代信息技术、智能制造、新能源技术等为代表的新一轮全球科技革命和产业革命的发展契机,适应经济全球化的发展大势,激励产业企业积极参与新一轮国际分工和全球性的产业结构调整,在创造新产业的同时,为传统产业的转型升级提供了新的发展动力和机遇。例如,积极推动"互联网+"行动计划,对经济发展新动能有明显的带动作用,也将成为经济新常态下拓展经济新空间、孕育经济新增长点、促进新产业和新业态的重要载体。

二、发展新经济是"供给侧结构性改革"的目标任务

供给侧结构性改革是针对经济结构中的制度性矛盾而推进的改革,旨在通过消除资源有效配置和生产要素合理流动性的障碍,使资源和生产要素更好地配置到"五新"(新产业、新业态、新模式、新产品和新服务),从而培育新动能,发展新经济。发展新经济可以填补供给侧结构性改革中的经济缺口。同时,发展新经济也是推进供给侧结构性改革的重要目的。一方面供给侧结构性改革是针对经济结构的制度性矛盾而推进的改革,也包括培育创新型主体、形成新动力、发展新产业、培育新要素四个方面的核心内容,二者目标是协同一致的。另一方面,发展新经济可以助推供给侧结构性改革。新经济是基于"双创"、互联网平台、分享经济等多元化的发展新模式,为劳动者提供了更加广阔的就业空间,切实减轻了去产能中职工再就业安置的压力。同时,新经济是技术、知识和创新驱动的经济,而不是政策驱动的经济,可以有效发挥市场在资源配置中的决定性作用,改造提升传统产业,有力推进"三去一降一补"任务顺利进行,使改革具有较大的调整空间和时间。诸如以分享经济为代表的新经济与中国当下的经济体制改革有着密切联系,分享经济可以提高存量资源的利用效率、增加社会的总供给、提高消费购买力、扩大消费需求等实现中国经济的新旧动力转换,把服务业变成经济增长的"主引擎"。毋庸讳言,分享经济为供给侧结构性改革提供了新的视角和空间。

三、发展新经济是破解经济结构性失衡的重要抓手

发展新经济可以有效平衡经济结构。从经济社会的发展实践来看,发展新经济可以促进供需结构、投入产出结构、收入分配结构和

产业结构优化,打破旧的结构框架,重塑与新经济发展相匹配的新结构框架。新经济可以通过生产技术变革和流通技术创新改变生产方式和流通方式,进而优化供给需求结构。以新需求为导向创造新的供给,不断提高供给侧的质量和效率;发展新经济可有效提升资源禀赋中知识和技术所占的比重,通过知识扩散、技术溢出和创新驱动实现边际收益递增,提高全要素生产率,进一步优化生产要素的投入产出结构;发展新经济可以通过"众创""众筹""众扶"等新平台扩大就业渠道,增加就业机会,使人民群众的潜能得到更充分的发挥,进而可以有效缩小收入差距,平衡收入分配结构;发展新经济可以通过技术创新改造传统产业和创造新产业,加速一二三产业的跨界融合,优化平衡产业结构。从国际上看,美国 20 世纪 90 年代出现新经济以来,经济实现了连续 120 个月的高增长、低通胀、低失业率的最佳状态,经济发展结构比较均衡,这是以现代信息技术和互联网技术为主导的新经济的最大贡献①。

四、发展新经济是实现"双中高"目标的必由之路

发展新经济是实现"双中高"目标的必由之路。一方面发展新经济催生新技术、新产业、新业态、新模式,创造新的产业。同时也可以提升和改造传统产业,推动产业迈向"中高端"水平。从发达国家的实践来看,新经济正在重塑国际产业分工体系和竞争格局,发达工业国家积极推进"再工业化"战略,利用其在新经济发展中的先发优势,不断强化其在全球竞争优势和价值链的高端位置。可见,中国必须通过发展新经济引领产业迈向全球价值链分工体系的中高端。另一方面,发展

---

① Hatibovic Dzemal, *American New Economy：Achievements and Problems*, Medjunarodni Problemi, 2002, p.544.

新经济培育壮大新动能,打造新引擎,推动大众创业、万众创新,释放民智民力,才能托举经济增长的"中高速"。从制造业层面看,制造业是国民经济的支柱产业,制造业的兴衰直接影响到一个经济体增长速度。发展新经济就是推动信息化与工业化的深度融合,形成智能制造为先导的产业体系,推动一二三产业逐步融合,从而实现保障经济的中高速增长。从发展经验上看:西方发达国家收获了发展新经济的"巨大红利"。目前,美国的谷歌、苹果、IBM、微软、英特尔等新经济的代表公司的蓬勃发展,给美国经济复苏注入了强劲动力。德国同样得益于新经济对传统制造业的革新和升级,德国"工业4.0"就是在此中孕育而生的,是指利用物联网信息系统将生产中的供应、制造、销售信息数据化和智慧化,最后达到快速、有效、个性化的产品供应①。综上,进入新常态的中国经济,只有坚持实施创新驱动发展战略,大力发展新经济,才能实现"双中高"目标。

---

① 贾元熙:《中国加快发展"新经济"新媒:将成重要增长引擎》,参考消息网,2016年3月14日。

第二章　美国新经济发展经验的再审视

第一节　美国新经济发展的历史背景

美国经济走出 20 世纪 90 年代初的衰退后进入一个加速扩张期，主要是新一代信息技术和信息技术产业加速发展和不断渗透扩散的结果。从 1991 年 3 月开始至 2000 年 12 月，美国实现了长达 118 个月之久的经济增长周期，是 100 多年来最长的，历史上是罕见的。准确说来，新经济已经成为区别于旧经济的新的社会经济形态和发展模式，它举世瞩目的经济业绩和高效协同的增长模式，以及"一高两低"的特点，创造了世界经济增长周期中"美国的增长奇迹"。同时也加速了工业经济社会文明向知识和信息社会文明转型，一种新的技术经济范式转型。这就是所谓的美国新经济，是近二十年来制度演化、技术革命和经济全球化共同推进的社会产物。

一、美国新经济发展的产业结构背景

20 世纪 70 年代，美国经济就从工业经济向新经济转型。由于美国这个时代的技术水平、资源结构和需求结构的综合反映，促使产业结构合理化、现代化和高级化进程加快。70 年代初，美国产业结构的演

化和调整主要面临着国内经济持续低迷、传统产业衰落和国际经济地位严重下滑等一系列问题,这些问题倒逼美国产业结构加快调整和转型。第一阶段,在 1973 年 11 月,美国工业经济衰减到 1971 年 12 月份的水平,工业生产指数连续下降 16 个月,降幅高达 14.8%。尤其是,此轮经济衰退直接导致美国工业生产开工率显著下降、失业率高企和通货膨胀率迅猛增长①。失业率高企和通货膨胀率迅猛攀升同时发生,这就是美国经济学界所谓的经济学悖论"滞胀"。从衰退周期和衰退规模上都是第二次世界大战以后最大的、前所未有的。但是有些产业总能"化危为机",捕捉新的发展契机。在 20 世纪 80 年代的近十年里,美国钢铁产业在经济衰退期进行了彻底改造,六大钢铁公司几乎把生产能力削减一半,每年产能控制在 5000 万吨以内,雇员人数从 17.9 万人锐减到 9.2 万人。"减肥瘦身"大大提升了炼铁业的劳动生产率和产能利用效率。第二阶段:1982 年 12 月至 1991 年 3 月,这一段现经过近两年的快速增长之后,又进入长达近五年的衰退。1991 年的美国经济实现负增长,然后开始异常艰难的复苏。第三阶段:开始步入新经济增长的长周期。从 1991 年 3 月以后,美国经济出现了第二次世界大战后长达 118 个月的繁荣发展期,打破了美国经济增长周期的历史纪录。总体看来,美国新经济发展的"前夜"状况堪忧,伴随着两次大衰退,失业率不断攀升,通货膨胀率日趋严重。由于经济增长率的持续下降、停滞,失业率和通货膨胀率的持续攀升等进一步恶化宏观经济发展环境,倒逼美国社会生产体系、技术创新、产业结构等发生巨大变革。时至 20 世纪 80 年代中期,美国实施了较为成功的经济结构调整和产业政策,一定程度上为 90 年代美国新经济发生和新经济的加快发展创

---

① 宋玉华:《美国新经济研究——经济范式转型与制度演化》,人民出版社 2002 年版,第 111 页。

造了物质条件①。

二、美国新经济发展的政治制度背景

根据新制度经济学家诺斯的观点,对制度的基本理解是,制度是一个社会博弈的规则,或者准确规范一点,制度是一些人为设计的、形塑人们相互关系的约束。诺斯还强调,制度在社会中具有更为基础性的作用,它们是决定长期经济绩效的根本因素。可见,有效的制度安排,是提供约束和激励人类行为,降低交易费用的基本保障。从 12 世纪到 14 世纪欧洲发展历史来看,商业革命曾引起跨地区跨国贸易和世界经济的增长,而导致这一商业扩张最关键的要素在于欧洲社会内部自发延伸出一系列法律和贸易制度,跨地区和跨国的信用市场、期货市场、保险市场,以及规约贸易和交换的商人法、城市法和海商法的通行和实施等等。这些都构成了近代商业革命的制度特征②。毋庸讳言,在美国经济范式转型和新经济发生过程中,技术创新诚然起着至关重要的作用,是发展新经济的主要推动力之一。但最为根本的因素,是美国近二十年来在制度安排上所进行的一系列改革和调整。③ 从发展实践看,美国新经济"前夜"较高的"制度适应性效率"为新一轮的产业革命和技术革命提供了有序竞争的市场环境和政府公权约束,降低了整个社会的交易成本,为新经济的发展孕育了"制度土壤"。美国维护整个经济体制和运行机制的制度安排,主要包括政府放松规制、规制改革、

---

① 刘崇义:《试论美国"新经济"发展模式》,《财经科学》2001 年第 2 期。
② 道格拉斯·C.诺斯:《制度、制度变迁与经济绩效》,格致出版社、上海三联书店、上海人民出版社 2008 年版,第 3 页。
③ 宋玉华:《美国新经济研究——经济范式转型与制度演化》,人民出版社 2002 年版,第 39 页。

里根政府的税制改革等。

（一）政府放松规制和规制改革

1960—1975 年,经济学家们以一系列经验和理论证明规制的产出是无效的,政府规制带来了资源配置和价格的扭曲、垄断性市场的僵化和基础产业的低效率。扭曲和无效率的规制成了改革的直接诱因和动力。因此,从 20 世纪 70 年代,美国政府就开始了解除规制,并进行大规模规制改革。通过整个经济运作的重大制度变革与创新,放松市场管制,不断激发有效竞争市场的活力。80 年代,里根政府上台后开始了大规模的放松规制和规制改革运动,一个影响深远的放松规制计划是里根政府经济复兴计划的四大杀手锏之一。从产业规制层面:1978年起五年内取消了航空业所有的进入、飞行航线和定价的限制,1984年取消了实行 40 年的航空限制。开始依次对垄断性较强的铁路产业、电信产业、能源产业和金融服务产业等进行产业重组和规制改革。纵观里根政府的简化规制和规制改革的施政历程,虽然存在一定的局限性,给其继任者留下一堆社会发展秩序和经济结构性失衡的问题。但是,其放松经济规制取得的成就比较显著,进一步解放和发展了生产力,极大激活了行业间行业内,以及微观经济主体的竞争和创新活力,是 20 世纪 80 年代美国经济走出长达 10 年的滞胀困境后,创造了战后和平时期最长的经济扩张周期,为下一轮新经济的增长夯实了制度和政策基础。

（二）税制改革

税收制度是国民经济中一项重要的制度安排,对社会再生产中生产、交换、分配和消费等四个环节发挥着重要的调节作用,是调整经济结构和收入分配结构的重要杠杆。税制改革被称为里根政府的"第二次革命",是其执政八年中最大的改革方案。20 世纪 80 年代是自 1913

年以来对所得税制度进行最为彻底和全面的改革。积极有效地破除了美国税制中存在的诸多积弊，如公司所得税和个人所得税级过多、边际税率过高、税法过于烦琐以及税收特惠过多等一系列弊端，导致政府的税收管理开支过大，纳税者的纳税成本也逐日攀升。在 20 世纪 70 年代末，一个 2.5 万美元收入的纳税人的边际税率高达 49%，收入超过 9 万美元以上的纳税人的边际税率超过 65%。[①] 同时，税法和税收制度的不合理导致纳税人与政府的对抗矛盾激化，倒逼非现金交易和"地下经济"滋生蔓延。在这样低效率税率前提下，里根政府突破重重困难和阻力，打破美国政治制度的极大惰性，以坚强的改革信念和有力的改革举措进行了大刀阔斧的税制改革。第一阶段是税制改革酝酿发动和准备期。政府政策优先考虑的重点是紧缩的货币政策，顶着第二次世界大战后最高水平 10.08% 的失业率，全力有效遏制国内的通货膨胀，使得通货膨胀率从 1980 年的 12.4% 降到 1982 年的 3.9%，这样美国的综合宏观经济环境得到了一定改善。第二阶段是税收改革的关键阶段。1986 年，里根政府通过长达 985 页的新税法，对原税法修改的主要内容涵盖面较多，包括降低所得税税率、简化税制、削减或取消原税法中的各种减免优惠等方面，实现平等公正、强化税收管理、堵塞税收漏洞的根本目的。从历史发展实践来看，美国里根政府的税收制度改革诞生了一个有效率的税收制度，它为重塑一个有效率的市场，并为激活微观经济主体作出了巨大贡献。总之，里根政府的税制改革使美国获得了发展新经济的先发优势，也为新一轮的经济开放发展提供了有力的制度保障。

---

　　① 宋玉华：《美国新经济研究——经济范式转型与制度演化》，人民出版社 2001 年版，第 249 页。

三、美国新经济发展的技术革命背景

技术革命是人类运用逐步积累起来的知识和知识体系在改造世界中取得了重大突破,技术革命是根本性和影响全局性的创新。准确说来,技术革命是科学革命的后果,又是产业革命的先导。从美国的经济发展实践来看,新经济是一场由技术创新和制度变迁驱动的经济革命,是一种新的技术——经济范式。这场发端于 20 世纪 80 年代初的技术颠覆式革命,是经过第三次技术革命的技术积累和技术研发的角逐和竞争,驱动形成以电子信息技术为中心的新产业革命。

美国孕育且支撑新经济发展的高科技战略包含以下三个层面:第一是国家科技战略中心及时向民用技术倾斜。美国的科技战略始终是围绕国家最高利益的需要及时进行调整的。第二次世界大战后,世界各国战争和军事对抗态势逐渐弱化,西方阵营中的德国和日本经济实力迅速崛起,国际综合竞争实力进一步攀升,在技术和经济领域对美国的世界霸权地位构成了新的威胁。在此大背景下,20 世纪 70 年代美国政府迅速调节国家科技战略服务重心,由军用导向向民用导向逐步转移,以信息网络技术为先导的新技术在经济领域不断延伸和扩散,新技术使企业创造出更为有效的组织方式和生产方式,不断提升产品和服务质量,进而创造新的供给和消费。高新技术带动高新产业不断拓展经济增长新空间,成为引领美国经济发展的新引擎新动力。从发展实践上看,美国政府主导的科技战略服务重点由军用向民用适时转型,强化对民用技术研发的扶持,产业政策与研究开发政策的有机融合,切实加快了民用技术的产业化和商业化步伐。第二是高度重视基础性研究。发展实践证明,美国基础研究的研发为后面的应用研究和开发研

究奠定了坚实的基础,当时美国拥有世界上最强大的基础研究队伍,而且技术专利成果丰硕,也是世界上最大的技术出口国。80年代以后,美国政府进一步强化基础研究的重要性和紧迫性,继续维持其在世界基础研究方面的领先地位。从实施层面大量削减军事国防科研经费用于扶持民用技术的发展,加快军事技术向民用技术的转化。随着知识时代的到来,基础研究与高新技术开发有不断接近的趋势,像新技术革命的信息、新材料、生物工程等许多重大创新直接来自实验室,基础研究的重要性越发凸显。从技术发展历程看,雄厚的基础研究实力使美国在信息技术、信息基础设施、信息产品、信息服务等方面领先欧洲和日本5—10年,使得美国在世界科技革命和产业革命中处于遥遥领先的地位。第三是注重高科技人才储备战略。人是生产力最根本最革命的要素,世界各国综合国力的竞争,归根到底就是高科技人才的竞争。第二次世界大战之后,美国成功的人才竞争和人才储备战略,继续不遗余力地发挥制度、经济和技术优势,培养本国优秀科技人才和吸引世界各国高端技术人才。来自世界各国的科技精英加盟美国的大学、科研机构等,壮大了美国的基础研究队伍,为美国占据世界基础研究的领先地位作出了重大贡献,在让其获得了巨大经济利益的同时,也在政治、科技和军事上获得了压倒性的优势。据统计数据显示:从1980年到1984年,硅谷企业中只有13%的CEO是中国人和印度人,而在1995—1998年这一比例上升到了29%。据此可见,美国凭借其富有前瞻性人才储备战略、人才竞争战略、国家科技服务战略的适时转型,以及扎实的基础研究成就了世界科技强国地位,为经济范式转型和新经济的诞生厚植了技术创新的发展优势。

第二节　美国新经济发展历程及运行特点

美国经济发展证明,20 世纪 90 年代的新经济是一种典型的、较为完善的市场经济模式,在现今社会化大生产中是一种技术创新、制度变迁和经济全球化共同支撑的经济发展新模式。

一、新经济发展历程与经济周期

1990 年年初,国内经济形势逐渐恶化和海湾战争的爆发,使美国经济结束了长达 8 年的持续增长,即经历了 1990 年 8 月—1991 年一个短暂的衰退之后,美国经济又出现了战后第三次的长达 118 个月的繁荣。美国的经济增长波动曲线、20 世纪 90 年代的菲利普斯和股票市场价格指数曲线均可佐证这一点①。根据研究的便利性和科学性,可以划分为三个阶段。第一阶段为 1991 年 4 月至 1993 年 6 月,即经济的蹒跚复苏阶段。随着 1991 年 3 月海湾战争的结束,经济逐步由衰退期进入经济扩张期。战争的结束极大地稳定了消费者和企业对消费和投资的预期,提振了消费信心,拉动了国内工业生产和商贸流通。但是,周期性因素和结构性因素互相交织,复苏疲软乏力,然后经济增长又出现二次下降微调。到 1993 年克林顿政府上台,采取了一系列政府干预经济的有力措施,干预重点是促进投资和削减财政赤字,把增加就业和长期经济增长作为其施政的重要目标。毋庸置疑,政府的适当干预取得了积极成效,外贸逆差减少、利率水平一直在下降等经济复苏良

---

①　刘树成、李实:《对美国"新经济"的考察与研究》,《经济研究》2000 年第 8 期。

好势头创造了相对宽松的经济环境。但是经济复苏中突出的结构性障碍是居高不下的失业率。可以说,经济艰难蹒跚地复苏依托的是结构性改革,依托缩小规模、裁减人员、降低成本、提高组织运营效率和资源配置效率来支撑。第二阶段 1993 年 7 月至 1996 年底,经济进入扩张期。此阶段经济扩张态势明显,经济增长速度加快,从 1993 年下半年的 4.5% 一直攀升到 1996 年第二季度的 6.8%。较高的失业率伴随着经济的快速增长,而出现稳步下降,从 1993 年的 6.9% 下降到 1996 年的 5.4%。同时,失业率的下降也引起物价的上升,通货膨胀率控制在 3% 以下。事实上,政府经济干预下的低利率政策有力刺激了个人消费支出和企业投资双双攀升。例如企业对计算机和通信设备的投资仅在 1996 年全年就增长了 24%,在经济总量增长中所占比重近三分之一。另外股市也异常活跃高涨,1996 年,标准普尔 500 种股票指数利润率高达 20%。从 1995 年开始,股市利润率达到了惊人的 65%[①]。工业生产指数也明显加快等一些积极因素提升了消费者和投资者对经济扩张的预期。第三阶段 1997—2000 年,经济的高速扩张期。1997 年以后,美国经济进入高速增长期,从 1997—2000 年,GDP 年平均增长率长达 4.65%,1999 年第四季度年增长率高达 8.3%,打破了第二次世界大战后经济史上增长的最高纪录。企业投资规模继续攀升,实现 4 年连续保持两位数增长,2000 年更是高达 14.6%。个人消费支出持续扩大,均高于当年 GDP 的增长率。失业率和通货膨胀率进一步走低,1999—2000 年失业率基本控制在 4% 左右。最关键的是劳动生产率增速逐年加快,1999 年第三、四季度增速 4.9% 和 7.9%,2000 年第二季度的增长高达 6.9%。此外,股市也达到了空前繁荣,1997 年道琼斯指数从

---

① 刘树成、李实:《对美国"新经济"的考察与研究》,《经济研究》2000 年第 8 期。

7000 点一路攀升到 2000 年 8 月的 14854.6 点。但是,经济发展中伴随着周期超长扩张的各种失衡和矛盾现象已逐渐出现并呈加剧的态势①。

二、美国新经济的运行特点

(一)美国新经济的本质特征

20 世纪 90 年代发端于美国的新经济,与以往的旧经济有着本质的区别和联系,总体上可以理解为由新技术革命所推动的经济发展和增长。可以从以下四个维度探讨新经济的基本特征。第一是从技术创新层面。从技术层面看,基本遵循技术创新推动产业结构的现代化和高级化,推动劳动生产率的提升,进而加快经济增长速度和发展质量。作为主导技术的信息技术具有更快的被采用、扩散、渗透的特征,并带来根本性的影响,信息技术自身不断创造信息、创造知识的同时,还对其他技术具有强烈的扩张性、渗透性和融合性。例如信息技术能作为新的技术基础武装生物技术、信息基因技术、新能源新材料技术和航空航天等技术形成二次创新群。通过信息技术创新群迅速地向国民经济各个部门扩散和渗透,适时改造和影响着社会的生产方式和交换方式。从技术商业化和产业化层面来看,由信息技术和信息技术产业为主导的新经济,主要是以计算机软硬件技术和互联网技术发展为主线,引领着 80 年代以个人计算机发展为中心的创新"蜂拥"期,以及 90 年代以互联网技术和移动通信技术发展为中心的创新高峰期。整体看,信息技术发展过程中的两个"革命性"转变,分别是"PC"时代和"互联网时代",这两次革命性转变带来了两次创新创业高潮,引领着一大批高新

---

① 宋玉华:《美国新经济研究——经济范式转型与制度演化》,人民出版社 2002 年版,第 221 页。

技术中小企业迅速诞生和崛起①。这与信息技术本身纵向延伸和横向渗透性的特质有关,信息技术产业的产业链较长,其相关产品可以分解更多更细更专的新产业新业态,诸如计算机硬件软件的独立生产和服务、互联网平台的普及与信息基础设施建设,迅速广泛渗透和融合到国民经济的各个部门,不但推动了大批新兴实体中小企业的产生与发展,同时也催生一批新的虚拟企业,满足生产组织方式变革和商业模式创新的需要。第二是市场微观经济运营层面。美国市场中高科技中小企业迅速崛起和扩张是新经济的主要特征之一。从新经济的市场层面来看,在技术—经济范式由工业经济向信息经济和知识经济转型过程中,工业经济时代的企业组织结构和运营模式,必须通过有效转型才能适应新经济时代的要求和变化。与此同时,技术革命也在改造企业组织模式向精干化、分散化、小型化、多样化和虚拟化的趋势发展。据此,在新经济异军突起的大背景下,借助美国现代金融市场和虚拟资本的优势,孕育产生了更多的"小而优""精而专""快而优"的高科技企业,形成"以小搏大""各有所长""竞争空前"的市场竞争新格局。据2000年1—3月份美国数据显示,在纳斯达克股票市场新上市的企业有176家,然而新下市的企业也有173家。如此看来,企业之间博弈的是创新战、速度战、技术战、服务战,而不是工业经济时代的价格战。同时,新技术创新的市场竞争归根到底是高科技人才的竞争,市场高端信息技术人才、网络人才、创新创业人才、信息技术产业领域企业家等竞争十分激烈,各行业各领域的高端人才缺口较大。为了弥补高端人才缺口,美国政府放宽移民政策,从俄罗斯、印度、中国引进大批专业技术人才。统计数据显示,在硅谷工作的高科技人才33%以上是外国人;在美国

---

① 刘树成、李实:《对美国"新经济"的考察与研究》,《经济研究》2000年第8期。

计算机领域工作的、具有博士学位的高科技人才中,50%以上是外国人。从全球市场来看,由于技术和互联网无国界的特性,以互联网技术和移动通信技术支撑的国际金融、跨境电子商务、全球数据资源、共享经济、智能制造、物联网等为主导的新经济发展业态,进一步加速了经济全球化的进程。第三是在现代融资模式的创新层面。20世纪90年代美国资本市场的繁荣对新经济迅速崛起发挥了重大的促进作用。美国通过一系列金融制度的创新和改革,形成了全国统一、灵活、高效的金融市场体系,尤其是高技术股票、风险投资、IPO的不断成功带来了巨大的示范效应,也成为新经济从发生到迅速崛起的重要推手。充分的资金供给、富有选择性的融资渠道,充分激活了微观经济主体的创新创业活力,同时也提高了金融资本的资源配置效率。在融资创新实践层面,处在创业期的高科技中小企业,新型的风险资本投资起到了极其重要的作用。处在成长期的高科技中小企业及其上市的过程中,新兴的纳斯达克股票市场起到了推波助澜的重要作用。最值得借鉴的是,运营实践中的创新创业者、专业管理者、风险资本家和投资银行家能共同谋划发展战略,协同管理、风险共担、利润共享,形成了合作紧密的孵化"新经济"的生态圈。据有关资料显示:美国新公司从初创到公开上市的平均周期,在十年前大约为6年,而现在缩短为2—4年。随着美国金融创新的加快,出现了高效的资本市场和各种投资基金,全方位提高了资本的可获得性和可选择性。美国财政部前部长萨默斯曾说过,我们是世界上唯一一个你在买第一套西装之前就能筹到第一笔1000万美元的国家。第四是政策与制度创新层面。在新经济的发展历程中,美国的政府职能加快向为市场机制的调节作用服务转变,直接干预减少,通过制度创新和新的制度安排调整技术革命对原有制度框架体系的冲击,形成一种有利于技术创新和经济增长的机制,满足了持续创新的制度需求,释放了与技术创新有关的一切关键要素——人、财、物的流动性。同时,各类制度安排又为发明和创造新成果的应用、传播、产业化和商业化创造了必要的社会制度环境。从 20 世纪 80 年代看来,里根政府实施减税促投资政策、解除和放松诸多领域的政府管制、投融资体制创新、对外来移民的开放性政策、战后军事技术及时向民用和商业技术转变等一系列政策催生了新经济,或者新经济是这些政策综合作用延续的结果。在新经济的发展历程中,克林顿政府也制定了一些行之有效的政策。具体来说,金融规制的放松、金融衍生物的大量创新等,为各类创新创业者提供了理想的投资工具,促进了各类资本投资和资金的流动。据美国全国风险资本协会(NVCA)最新调查,2000年风险投资高达 1030 亿美元,比 1999 年增长 73.5%①。克林顿政府的产业科技政策就是美国经济转型中的一项重大制度创新。此政策为技术创新的不断涌现提供了充分激励,就业和收入分配制度的创新也使人的就业观念和雇佣关系发生了深刻改变,自主择业创业与网络技术结合衍生出一个人力资本交易所,为新经济专业人才的合理配置提供了有效的整合平台。克林顿政府在 2000 年度的《总统经济报告》中指出,90 年代美国新经济的成功归因于三大经济政策支柱。第一是财政约束,以利于降低利率和刺激商务投资;第二是投资政策倾向于教育、医疗和科学技术;第三是打开国外市场,以便于美国人更好地参与海外竞争。这就是克林顿政府时期的"新的经济战略"②。总之,美国20 世纪八九十年代的制度创新和制度演化扫除了信息技术革命和产业革命的一切障碍,成为引导技术创新——应用——再创新——再应用的重要引擎,也可以说"制度的适应性效率"比较高,根据道格拉

① http://www.nvca.org.

② 刘树成、李实:《对美国"新经济"的考察与研究》,《经济研究》2000 年第 8 期。

斯·诺斯的观点,制度的适应性效率(adaptive efficiency)所关注的是那些形塑经济之长期演化方式的规则。它同时还关注社会对获取知识学问、引发创新、从事各种冒险的创造性活动以及解决随时间的推移而产生的社会问题与瓶颈的意愿①。从历史发展实践来看,制度演化对技术创新和经济发展范式转型发挥着不可替代的重要作用,应该高度重视先进制度的作用,世界各国之间的竞争,归根到底是制度之间的竞争。

(二)美国新经济的运行特点

从宏观经济运行层面看,美国新经济运行主要呈现出三个突出特点。一是生产率的有效增长拉动经济走出低谷,并实现加速增长。美国新经济运行的显著特点是经济高速增长的同时,失业率和通货膨胀率却一直走低,达到经济扩张期的最佳状态。据美国经济报告数据显示,从 1993 年第一季度到 2000 年第三季度实际 GDP 每年平均以 4.0%的速度递增,与上一个十年相比平均速度快 46%。2000 年失业率达到 30 年来的最低点 4%。值得欣慰的是,通货膨胀率却一直保持在 2%—3%,达到了经济增长率、失业率和通货膨胀率三者之间平衡的最优状态。二是实际个人消费支出和私人固定资产投资异常活跃。由于消费和经济发展预期的良好态势,一方面消费者对商品和服务的需求快速增长,20 世纪 90 年代以来,推动实际国内生产总值增长的主要因素是个人消费支出的快速增长。1999 年,个人消费支出已占到国民生产总值的 67.4%。另一方面,私人固定资本投资迅猛增长已形成经济高速增长的主要推动力。1999 年,私人国内投资对 GDP 增长贡献了 1.15 个百分点,在 2000 年 GDP 增长 5.0%中贡献了 1.81 个百分

---

① 道格拉斯·C.诺斯:《制度、制度变迁与经济绩效》,格致出版社、上海三联书店、上海人民出版社 2008 年版,第 111 页。

点。详情见表2-1。

表2-1 1990—2000年实际GDP和部门构成的增长率及其对GDP增长贡献率

（单位：%）

	1999年		2000年	
国内生产总值	4.2		5.0	
	增长率	对GDP增长贡献率	增长率	对GDP增长贡献率
个人消费支出	5.3	3.52	5.3	3.57
私人国内总投资	6.6	1.15	10.2	1.81
商品服务净出口		−1.03		−0.87
出口	4.0		11.7	
进口	10.7		13.6	
政府消费支出及总投资	3.3	1.59	2.8	0.49

资料来源：根据 Survey of Current Business，March，2001 Table S. 1、S. 编制。

第三节　美国新经济发展经验再审视

纵观美国新经济发展历程，其新经济"新"在经济运行和增长模式的基本特征发生了质的变化。新经济是一场在新的历史条件下以工业经济为起点的，以制度演化、技术创新和经济全球化为动力的新的经济革命。梳理美国新经济发展的历史背景、萌芽起步、崛起繁荣的各个阶段，发现美国新经济发展经验值得处于经济新常态大势下的中国学习和借鉴。

一、技术创新的"蜂拥效应"催生了新经济

（一）技术创新有力支撑了经济增长

从人类社会发展实践来看，不管是农业经济向工业经济转型，还是

工业经济向知识和信息经济迈进,科学技术在改善生产、流通、交换方式和提高生产率等方面的作用越来越重要。无论是劳动技能的改善、资本投入的深化,还是全要素生产率的提高,都是技术直接和间接驱动和衍生的结果。著名经济学家库兹涅茨曾经指出,现代经济增长时代的主要特点在于科学技术的应用,它们和资本积累一起带来了国民收入的迅速增长。经济学家熊彼特的主要学术贡献在于阐述了技术革命对经济发展过程的影响。熊彼特理论的价值在于,他关注的不稳定性可以直接从关键增长事实中演绎出来,而且和这些增长时代的一些现象密切相关。认为成熟资本主义资本积累的不稳定性主要是创新"集群"导致的。具体来说,即使新的技术思想不断涌现,但创新不会持续或平稳出现。反而,创新在神秘不定的企业家群体的决定下,倾向于以"集群"或"迸发"形势出现。当创新数量增加导致结构的迅速变迁,破坏了熊彼特均衡时,经济呈上升趋势[①]。然后,创新步伐减慢,经济结构在更高的人均收入水平上达到一个新的"熊彼特状态"(描述的是以静态技术为特征的增长状态,在技术不变的假设下,投资资金的配置能够使生产各部门的产出按人口增长率来增长,也可称为冯·诺伊曼状态),经济呈下降的趋势。在熊彼特看来,技术变迁对稳定状态的打破并不是平稳的过程,这主要是创新的集聚效应。熊彼特状态以各部门的等比例扩张为特征,一旦有技术变迁——新产品引入或旧产品以较低的成本生产——发生,即遭到破坏。熊彼特主要关注这样一个健康周期过程中的需求,引致新产品的实施诞生、旧产品灭亡的新技术出现,这正是现代经济增长时代的显著特征。

---

① 费景汉·古斯塔夫·拉尼斯:《增长与发展:演进的观点》,商务印书馆2004年版,第33页。

（二）信息通信技术革命推动生产率快速增长

在 20 世纪 90 年代的后五年里,信息技术的生产和使用对美国生产率增长的贡献率达到了一半甚至超过一半。也就是说,1995 年以来,美国生产率加速增长中,大约三分之二的增长贡献应该归功于信息通信技术的迅速发展。从美国信息技术革命的发展历程看,信息技术的持续创新和外溢效应成为那个时代经济增长的主要推动力。以计算机和互联网为主导的信息通信技术是一种真正的转化技术,自身能快速创新的同时也具有强烈的扩张性、渗透性和带动性。同时,创新会迅速向经济的每一个部门和社会的各个领域扩散和渗透,这种创新又对信息处理速度提出更高的要求,这又导致信息技术本身的又一轮创新革命,这种被称为动态性层叠式或持续的创新正是推动美国生产率水平提高和新经济发展的基本要素[1]。可以概括为三个方面:首先是信息及通信技术的不断更新推动企业和家庭大量投资于信息产品,带来大量使用信息产品的经济部门资本深化程度的提高;资本深化主要是指信息通信产品价格下降引起全社会对信息通信产品广泛和进一步投资的深化。其次是计算机及辅助设备、软件、通信设备及互联网等信息产品生产部门效率的提高,新型社会需求的扩大,进而增加社会总产出。再次是通过互联网平台的信息资源整合效应,以及信息技术通过技术扩散和技术渗透,推进企业的生产方式、组织方式和交换方式的不断改进和优化,促进市场交易模式的不断创新,极大降低了交易成本,进而实现全要素生产率的提升。全要素生产率的提升反映了技术创新的溢出效应,也反映了制度创新提高了市场机制的资源配置效率和企业组织的运转效率。

---

① 宋玉华:《美国新经济研究——经济范式转型与制度演化》,人民出版社 2002 年版,第 73 页。

二、美国的产业技术政策驱动了新经济发展

克林顿政府对技术创新的重视,以及各种扶植、支持和鼓励政策措施成为美国完成本次经济范式转型和新经济发生的一个重要支撑力量。20 世纪 90 年代初,克林顿政府首次确定发展高技术的国家战略,并首开先河制定了美国历史上第一个产业科技政策。把科学技术对国家的重要性认知提到了一个崭新的历史高度,克林顿政府重新审视了冷战后美国国际经济关系的变化和趋势性特征,认识到以微电子和移动通信为核心的信息技术革命正在深刻影响着世界经济竞争格局和美国经济发展前景。整体上来看,克林顿政府第一任期的技术战略和技术政策的指导思想可分为三个部分。第一,技术是振兴美国经济的一大要素,美国要把技术开发、职工培训与教育、基础设施建设作为今后投资的重点。第二,加强政府对民用技术开发的指导,主动借鉴日本和德国经验,对军民两用技术进行重点投资,组成官企技术开发联合体,并大力推进技术政策与产业政策的有机结合。第三,实行向民用技术倾斜的政策,加大民用技术研发与应用的投资,巩固和发展民用技术基础研究,既有利于国家安全,又可以提高经济竞争实力。克林顿政府在第二任期内更加重视美国技术发展战略的投资,重视扩大对发明的承诺,强调需要一个长期的、稳定的资金环境。其重点发展高技术特别是信息技术的国家战略有力支撑国内的产业结构调整和产业结构的转型升级。

美国产业技术政策的成功集中体现于两个转变:一方面是从政府职能导向的研究与开发(特别是军用技术的研究与开发)为重点转变为以民用技术的研究与开发为重点。另一方面是从以基础科学研究为重点转向以技术应用、产业化和商业化为重点。加速了美国技

术创新速度,为美国率先步入经济范式转型和新经济时代作出了巨大贡献。

在产业技术进步中,联邦政府主要担当四种角色。第一是研究开发的资助者。关于民用研究与开发资助的实施——ATP(Advanced Technology Program),克林顿政府时期主要是对 ATP 的具体运作规则做了一些重要修改,增加了对 ATP 的财政拨款规模,逐步扩大 ATP 的资助领域。帮助美国产业界开发和应用通用技术以迅速实现重大科学发现和技术成果的商业化。第二是技术投资和创新的激励者。克林顿政府强调增加民用技术的投资只是重获美国产业和技术领先地位、创造高工资和高技能的机会。除此之外,高度重视通过税收、贸易、专利保护、适度规制等政策措施对私人部门投资和创新的有效激励作用,为私人部门的投资和创新创造一流的营商环境。第三是合作研究与开发的参与者。克林顿政府重视和强调官产合作研究与开发,使联邦政府与产业界各取所需。注重促进技术商业化,新的产业技术政策要求国家实验室利用其资源为产业技术进步和经济增长贡献力量,需要技术商业化为流通和交换创造条件。注重建立官产合作集团,使联邦政府所拥有的丰富资源服务于两用技术和先进民用技术的研究和开发,有效平衡资源供求关系、提高资源利用效率的捷径。重视促进社会资本的形成,社会资本是存在于社会组织中、服务于多边利益的、可促进协调与合作的一种资本。同样是一种提升全要素生产率的有效路径。第四是技术转移的推动者。美国新的产业技术政策要求一贯服务于政府职能领域研究与开发的国家实验室向为产业技术进步和经济增长贡献力量。故此,国家实验室技术流向产业界并实现商业化的过程非常关键,及时为新经济的孕育和崛起储备了技术动能。

三、企业制度变革与组织创新夯实了新经济发展的微观基础

工业经济时代大规模生产的管理体制和原有的企业组织结构已不适应新时代的发展,必须夯实新经济发展的微观基础,推动企业制度变革与组织创新。根据企业理论的观点,美国企业制度的变革和创新是现代市场经济制度的重大变化,对社会经济运作和经济范式转型产生了深远的影响。企业制度变革主要是公司的所有权制度和公司治理结构随着社会经济形态的演化而发生重要变化,共同基金的发展和机构投资者的崛起使美国大公司的股权结构发生颠覆性变化。现代企业产权演化出一个新的产权分割趋势,部分产权分割给经营者和劳动者,机构投资者也成为大公司的重要产权主体。这种产权制度的创新——经理和雇员期权制,这是公司内部人力资本交易结果的客观需求,人力资本交易成为企业内部最重要的交易,也是企业内部治理的核心内容,分享激励的延后支付以及可充分行使的转让权是人力资本所有者维护自身利益的重要治理机制。① 与此同时,公司股权结构的深度变化也驱动着公司治理结构的变化,机构投资者通过提高股权集中度来获取公司控制权,进而提升公司决策和经营的科学性。

企业组织的创新是为了适应和利用新技术必须变革原有的组织结构。工业经济时代的企业组织结构等制度安排都得适应新经济时代的要求而改变,以免原有的组织结构抵制技术革命,也即原有的企业生产流程、企业规模、科层组织、指挥和控制体系,以及与外部的竞争合作关系的结构等可能与新经济发展产生冲突。工业经济社会追求的是机械化生产和大规模生产的单位成本的下降,然而到了知识和信息化社会,

---

① 高良谋:《新制度经济与中国经济改革研讨会综述》,《经济研究》1998 年第 7 期。

生产方式、交换方式和消费方式发生了颠覆式变化,消费者需求选择的多样化、智能化、个性化发展,消费者与生产者的关系因互联网技术和通信技术的发展而改变,大规模生产模式朝着大规模定制的模式加快转变。大规模定制的方法是就地用标准化的零部件实现规模经济,零部件的多种方式组合,形成多种最终产品,从而发挥范围经济的竞争优势。发展实践证明,只有及时洞察社会经济形态演进之势和新经济之变,适时调整企业经营模式和企业组织结构,适应这个经济范式转型和技术变迁之势,引领"大而全"的大企业把许多业务进行分解和向外承包,网络化驱使公司内部管理组织扁平化,电子商务使企业组织精干化。同时也催生了以知识资本为主体的新兴企业,以及网络化的企业。在新经济发展驱动的企业组织创新中,精干化、小型化、多样化、分散化、网络化和虚拟化已成新的演化趋势,形成了由信息技术和信息技术产业引领着"以小搏大""精专为上""速度制胜"的市场竞争新格局。

　　企业生产和交换模式的变革,客观上也要求企业组织模式的创新,实现二者演进逻辑中最大限度的协同。美国新经济条件下企业组织模式变革中出现的业务外包、战略联盟、研究与开发的变化值得我们借鉴和学习。第一是业务外包。业务外包运作模式的优势在于,在保证质量的前提下节约运行成本,留足精力专心做好自己的核心业务和管理。在提高整个公司运作水平的同时,而所需的成本费用则与目前的开支相等或减少。美国公司通常把信息技术管理、战略发展制定、人力资源和设备维护包给专业化的公司运作,这样的业务外包充分调动了知识和革新的力量,成为商业成功的核心推动力。据统计数据显示,1998年,世界业务外包总开支增至近 2350 亿元,增幅从 1997 年的 23%上升到 27%,而且没有迹象表明现在已经达到顶峰。美国比较成功的案例有 AT&T 服务公司通过其核心业务——互联网与制定商业战略、实施和管理以网络为基础等的解决方案,帮助花旗银行建立一体化全球数据网。第二是战略联盟。从美国新经济发展的历程看,企业战略联盟、技术联盟和产业联盟等对新经济崛起发挥了不可替代的重要作用。战略联盟就是公司与公司之间通过长期协议分享设施、专业人才和其他可以共享的资源,从而完成共同的合作目标。战略联盟的合作形式主要包括外部采购、技术合作、信息共享、网络联盟、联合销售等等,其实质是公司间的多维度、多领域、全方位的合作。在新经济迅速发展的背景下,公司间组建战略联盟的主要原因是加快发展、获得新技术和扩张进入新市场。从技术背景上考虑,电子邮件、文件共享、网上可视频会议及其他合作手段跨越公司界限,通过互补共享等渠道提升了公司间资源配置效率和组织运转效率,推动了战略联盟的有效运行。20 世纪90 年代,在经济日益全球化的背景下,美国现代信息技术和互联网技术使企业跨越政治、区域和公司界限,更加容易组成战略联盟。诸如国际商用及其公司、微软公司、美国在线和英特尔公司这样的高科技公司率先创建战略联盟,极大整合了公司的技术资源和市场资源,形成了美国新经济发展的主要驱动力。第三是美国研究与开发的变化。90 年代,研究与开发这一创造知识资本的活动,在进行潜移默化的转型,从原来以大的研发机构所主导的垂直一体化模式向众多小公司的 R&D活动转型,以及公司间合作的分散化模式发展。90 年代,私有企业对基础研究的支出快速增长,从 1995 年起,以 17% 惊人的速度增长。小企业对 R&D 投入不断增长的重要性是与许多行业出现的一种明显趋势相联系的,这种趋势就是创新日益分为多个独立的企业来完成。再加上政府税收和资金支持等激励政策的推波助澜,企业的研究与开发活动向着新经济发展的方向积极变化。综上,美国企业组织结构的创新和演进,具体涵盖企业内外组织生产、设计、研究开发和协作关系的改革和重塑,极大适应了新经济发展需求的同时,并形成了新经济的有效驱动力。

四、金融制度创新与变迁助推了新经济发展

20世纪80年代的金融放松规制,以及90年代的重新规制为美国新经济的出现和经济转型奠定了良好的金融市场基础①。金融创新是随着金融制度的演化不断调整方向的。通过深化金融制度改革,原来单一僵化的银行制度被打破,突破了金融机构间的分业经营和跨区域经营的壁垒,形成了全国统一、灵活、快捷、高效的金融市场体系,支撑了美国新经济的快速发展。在美国新经济创新的蜂拥时期,大批高新技术中小企业能够迅速诞生和崛起,主要得益于成熟的风险资本市场和以股权融资为主的宏观金融体系。准确说来。新经济发展以来,现代化的金融市场、持续的金融制度改革、放松金融规制和共同基金革命等把原来僵化、低效的金融体制重塑为灵活高效的现代金融体制。其核心是灵活、多样化的投资融资体制创新,特别是现代股权融资机制和风险资本投资机制驱动着新经济的繁荣发展。

(一)以股权融资为主的直接融资制度

金融市场是各种金融权利和金融服务进行交易的主要场所,是一个由资金供给方不断补充、资金需求方不断利用,充满着各种资金流通的渠道。美国的融资体制主要以直接融资形式为主,不同于德国和日本等国家银行的以间接融资为主导的融资模式。股权融资等直接融资模式不仅避开作为"抽租"工具的银行,为高技术创新型企业提供了融资便利,降低了融资成本。同时,使企业的产权结构更加明晰,弱化了

---

① 宋玉华:《美国新经济研究——经济范式转型与制度演化》,人民出版社2002年版,第439页。

企业的融资风险。总的看来,股权融资无论是从微观企业的运营层面,还是从宏观金融体制的视角来看,都有利于新经济的发展。只有在股权融资的企业制度下,知识才有可能与资本分享企业的所有权,知识劳动者享有企业所有权即可激励知识创新,有效化解传统企业的劳资冲突矛盾,因而对新经济发展而言是一个极为重要的制度安排①。发展实践证明,以银行融资为主的间接融资模式是不利于知识创新的。一方面银行自身的利益最大化是通过牺牲企业收益最大化来实现的,银行的发展是建立在对企业"抽租"基础之上的。另一方面,银行经营具有天生规避风险的属性,与创新型企业发展的不确定性和高风险性是相对抗的。以股权融资为主的金融体制对于风险基金的运作也是非常有利的,从风险资本的上市、收购兼并、创业者回购与破产四种退出机制来看,最有利的退出机制就是扶持创新企业在创业板市场顺利上市。一定程度上,新经济就是创业板股票市场与风险基金相互结合的产物。可以说,纳斯达克是美国新经济的摇篮,其对新经济发展的巨大推动作用是不言而喻的。

(二)高度发达的风险资本市场

众所周知,美国此轮长周期的扩张中一个重要的基础因素就是技术创新,也是经济范式转型的主要驱动变量。但是,成熟发达的风险资本市场通过对有创意的新公司强有力的支持,不仅推动了股市的繁荣,更重要的是为技术创新、技术转移提供了重要的资金支持和风险分担机制。风险投资是一种融资制度的重要创新,这种制度创新创造了一种独特的创新试错机制和风险分担机制,这种机制成为美国新经济中重要的"革新力量"②。在信息技术革命创新的蜂拥期,也就是大批高

---

① 华民、贺晟:《新经济与经济发展的制度选择》,《世界经济与政治》2001 年第 10 期。
② 水野龙德:《美国新经济为什么持续强劲?》,华夏出版社 2000 年版,第 99 页。

新技术中小企业的创业初期,新型的风险资本投资发挥了极其重要的作用。风险资本是初创公司重要的资金来源,是由职业金融家(风险投资家)连同管理一道投资到年轻的、快速增长的、有潜力发展成为更高市值的公司资本,资金变成资本的运行轨迹是从投资者到风险投资公司,再到风险企业,资本得到升值后再回流到风险投资公司和投资者,形成三位一体的闭环运作模式。

风险投资在美国经济转型和新经济发展中发挥了不可替代的促进作用,主要包括以下三个方面:第一是投资面向初创企业尤其是新兴产业中的初创企业。依据美国当时金融市场的发展现状,单单依靠政府和资本市场,许多初创企业并不能得到足够的资金支持。然而,风险资本通过分散化的方式化解了创新过程中产生的许多不确定性,这种试错的机制允许失败、分散了风险,推动更多的新产品、新技术、新业态等层出不穷。第二是风险资本企业通过资本经营服务直接参与企业创业活动。风险资本的运行机制可以接受失败,允许创新者(企业)尝试自己的思想是否通过市场的检验,事实上,也是形塑了利益相关者之间的一种风险共担和利益共享的创业创新文化。从硅谷崛起的历程看,思科、亚马逊、英特尔和苹果等公司都是在风险资本的帮助下迈出了成功的第一步。第三是风险投资完善的退出机制。风险投资只在风险企业的初创阶段投资,企业成熟后,通过公开上市、收购、破产清算等手段使风险资本主动退出。这些资本的投资时间一般是5—7年。由此可见,完善的退出机制也是风险资本带动技术创新的重要基础。据有关数据显示,美国风险资本公司筹集到的风险资金,进入90年代以来呈现井喷式增长,仅1999年就高达250亿美元。而且风险资本进入实业周期短,与以往相比,至少要花5年时间,但是现在连一年都不到。新公司的初创到公开上市的平均周期,由十年前的大约 6 年压缩为 2—4 年①。毋庸讳言,风险资本为 90 年代的技术创新提供了重要的资金支持,美国经济的独有特点是风险资本市场的空前繁荣和公开上市的异常活跃。新经济中最终的生产要素是知识、技术,也有资金、资本,二者的相互作用形成新经济高速增长的双引擎。

五、政府改革与治理体制创新优化了新经济发展环境

从制度变迁历程看,美国政府改革铲除了制度性壁垒,建构了一种崭新的政府治理模式,创造了一个有利于技术创新、成果转化和知识产权保护的制度环境,保障了时代的技术进步、生产率提高和经济增长。

(一)新经济背景下政府改革的重要性和紧迫性

当电力蒸汽机发明时,马克思曾经说"经济革命之后一定要跟着政治的革命,因为后者是前者的表现而已"。事实上,庞大的官僚政府机构难以继续用一成不变的公共服务方式来满足越来越复杂的需求,政府无论是扮演"守夜人""管理者""服务者"的角色,都是在特定时期适应经济发展需要的表现。正如世界银行在 1997 年《变革世界中的政府》报告中指出的:有效的政府——而不是小政府,其是经济社会发展的关键,这越来越成为人们的共识。政府的作用是补充市场,弥补市场失灵,而不是替代市场。政府改革的重要性主要是体现在以下三个方面:第一是工业经济时代的领导体制不适应新经济时代的要求。工业经济时代的官僚体制崇尚理性和效率,刚性有余,灵活性不足。大批量生产统一标准的物品的管理体制机制相对定型僵化,满足差异性和多样性服务需求的管理能力不足,机械的官僚体制难以激发创新创业

---

① 刘树成、李实:《对美国"新经济"的考察与研究》,《经济研究》2000 年第 8 期。

精神。在一个以信息技术和知识创新为基础的社会经济形态中,具备较高知识资本的人们需要政府提供高质量的、多样性和可选择的公共服务,需要政府治理模式的创新来满足不断升级的服务需求。第二是经济全球化客观上要求政府改革适应新的挑战。毋庸置疑,经济全球化使传统的政府治理模式遭受严重挑战。今天的世界可以说实现了资源和商品"全球卖、全球买",国家与国家之间相互影响不断加深。随着世界各国经济发展水平和综合国力的不断提升,必须使国家治理模式顺应世界经济一体化的大势,才能很好把握发展中的世界契机。据此,政府必须进行有效的制度改革适应国际竞争的需要,加大科研投资并提高教育和管理水平才能跟上全球化的需要。例如,全球统一的资本市场要求政府必须在经济管理过程中,把稳定本国货币、根据全球经济形势和他国经济状况来调整汇率和利率等任务作为重要问题来治理。经济全球化所带来的技术、人才和资本的流通要求国家制定相应的规制和管理,要求政府通过改革放松规制,取消在技术人才和资本流动方面的各种制度壁垒,以实现全球资源配置的最优状态。第三是信息技术快速发展要求政府加快改革。随着信息技术的渗透和普及,人们获得信息的渠道、时间和空间不断变化。政府面向半官方组织、面向社会、面向公民、面向下一级政府下放权力的压力不断加大。同时,信息技术使社会公共事务变得极度复杂,增加了政府全方位治理的难度,对政府的治理能力提出了更高的要求。客观上要求政府不断优化外部管理,放松对公务员的规制,充分调动公务员管理创新的激情,使公务员创造性地设计出多种有效率的公共服务供给规则,全面提供公共服务的数量和质量,满足公民的多样化和个性化需求。信息技术使政府优化自身管理,高效履行社会责任,压缩政府管理层级和放松规制成为可能。可以说,新经济时代要求政府用公司治理的方法治理国家,倒逼政府行为更加公开和高效。

(二)美国政府改革坚持的基本原则

从政府的历史演变来看,新经济到来的时候,新的政府目标和社会环境就必然要求政府改革遵循新的制度设计和治理方式。市场与政府应实行双向调节,对于不同的公共问题选择不同的市场机制解决方式,引进市场机制改善政府公共服务效率,利用政府组织市场和规范市场,重塑政府理论着重于公共治理方式的创新。新经济背景下,美国政府改革围绕着政府与社会、政府与市场以及政府自身的改革三个方面作出新的制度安排,围绕竞争效率、适度干预和放权分权的原则启动改革①。第一是坚持竞争效率原则。政府扮演着重要的经济治理角色,应该遵循竞争效率的原则,倡导让市场自由配置制度尽可能地取代政府强制行为。因为政府的强制行为会侵犯市场本可以发挥主导作用的领域,进而误导个人和企业的市场选择,降低市场运营绩效。在一些公共服务供给领域,美国政府引入竞争机制来刺激公共服务生产者之间的竞争,从而提高政府公共服务管理的效率。简而言之,政府强制行为被竞争效率的原则取代是一种具有很大实践价值的制度创新。第二是适度干预的原则。政府对市场也要采用适度干预,来弥补市场的失灵,进而有效解决信息不对称、公共产品供给和市场外部性等问题。事实上,不管政府的直接干预还是间接调控,均应该遵循适度的原则。政府作为一种专门提供"公共物品"的组织,其职能是其他社会组织不可替代的。尤其是在公共物品生产供给层面,不管是政府直接生产还是间接生产,公共产品服务于大众,彰显了公益属性。而以利润最大化为首要目标的私人部门的企业行为显然与大众的公共利益的诉求是不一致

---

① 宋玉华:《美国新经济研究——经济范式转型与制度演化》,人民出版社2002年版,第329页。

的。故此,必须强化政府的主体责任,通过政府的改革来解决"政府失灵"和"市场失灵"问题,尽可能地减少浪费和低效率。第三是放权分权的原则。政府在自身改革上采取放权分权的制度设计,实际上是拿权力下放来换取下级部门较高的绩效汇报。一方面政府内部放松对公务员的管制,采取以"结果为本"代替以"规则为本"的制度设计逻辑,为重塑政府行为创造条件,充分挖掘公务员的潜力,进而提升政府组织的运营绩效。另一方面,中央与地方的分权。随着政府的市场化趋势和放松管制改革的深入,推动中央与地方分权的加速。放松规制的具体实施思路层面,放松规制要以结果为本,必须在目标中体现出来。同时不能丧失原先规制隐含的核心价值,各具体职能部门根据总目标要求明确自己的产出和标准,权力下放后,上级部门对下级部门有最终的监控权。由此可见,美国政府改革的市场化取向、放松规制和分权取向,成就了一种新的以效率、责任和使命感为核心的政府治理模式,也为新经济的繁荣发展创造了宽松的体制机制环境。

六、全球化为新经济发展拓展了新的空间

经济全球化是世界各国发展的需要和全球制度演化的结果,也是美国经济范式转型和新经济发生发展的主要推动力。

(一)经济全球化的经济带动效应

从世界经济发展史来看,经济全球化是世界经济活动超越国界,通过国际贸易、技术转移、资本流动、提供服务、相互依存、相互融合和相互联系而形成的全球范围的有机经济体,也是现代市场经济在全球范围内充分发展的历史过程。经济全球化的高度发展,是市场的力量、世界经济一体化的力量、技术进步和创新共同驱动的结果。尤其是制度演化和技术创新推动国际生产体系与全球企业市场的交互作用,拉动

国际贸易快速增长,促进国际直接投资和跨国公司蓬勃发展。在现代信息技术推动下的国际资本市场空前扩张,企业国际跨国并购也异常活跃。20 世纪 90 年代以来,发端于美国的微电子、计算机、卫星通信等信息技术产业为先导的信息革命向全球迅速蔓延发展,给世界经济和社会生活产生了深刻而巨大的影响。美国政府的放松规制和规制改革取得了显著成效,贸易壁垒、投资壁垒、技术壁垒和行业壁垒进一步弱化和消除,市场机制的调节功能和效率凸显,世界一体化的资本市场、资金市场、技术市场和劳动力市场逐步形成,全球的要素交易费用降低,交易周期压缩,适应了高技术产业对各类人才的弹性需求。随着技术转让和扩散的加快,跨国人才流动和国际移民规模空前扩张。世界的商品、资本和服务市场的一体化程度推进,客观上都为美国全球范围内整合资源,有效开发和利用国际市场创造了条件,也为新经济的发展创造了契机。

(二)全球化推动了美国新经济的快速发展

从经济发展实践看,全球化在技术创新、跨国投资、制度演化、加快组织重组等方面夯实了美国新经济发展的基础。可以说,经济全球化孕育了美国的新经济,主要体现在以下三个方面:第一是全球化为信息技术、高技术产业发展和转移提供了持续扩张的市场和资本供给。信息技术和信息技术支撑的新兴产业前期研发投资较大,具有较高的前期固定成本和后期的低边际成本的基本特点。也就是说,信息产品的边际成本可以忽略不计,但需要强大的需方规模经济效应——全球范围内的大市场来支撑。需方规模经济效应不但冲销了前期较大的固定成本,而且市场越大,利润空间越大。同时,信息技术和网络经济具有极强的正外部性,根据梅特卡夫法则,网络价值以用户数量的平方速度增长。信息技术发展的速度越快,产品生命周期就越短,这个特征决定信息技术产业等高新技术产业的技术水平按指数规律发展,遵循摩尔定律。经济全球化适应了信息技术的特点和需求,不仅刺激了创新需求和供给,刺激了采用新技术,并为创新产品创造了更大的市场,为创新创业者带来更大的回报。全球市场对美国的重要性,特别在近几年美国计算机及其相关产品需求层面,几乎一半以上用于出口,美国通过计算机和零部件的双向贸易获得巨大收益。毋庸讳言,全球化为美国的信息产业和信息技术转移提供了极大的市场空间。第二是全球化为美国的产业结构调整和新产业结构的形成创造了条件。任何一个时代的产业结构都是这个时代技术水平、资源结构和需求结构的综合反映,并在技术、资源和需求相互激荡的动态变化中不断演进。美国的产业结构演进路径遵循产业重组与企业重组同步展开、企业生产流程重组或再造与企业组织重组和结构重塑深度融合的基本规律。在结构调整中高新技术产业的发展始终与传统产业的改造齐头并进,以企业为结构调整的主体,实现政府的积极干预与企业自身的重组动力相结合。美国产业结构的特点是以信息产业为代表的高新技术产业成为新经济的主导产业,以高新技术装备武装起来的制造业和服务业成为新经济的主体产业,二者互相融合、互相渗透成为新经济时代产业结构的典型特征。美国产业结构经过脱胎换骨的改造,成功地实现了向国外的产业转移和国内产业的高级化进程。但是借助于全球商品、资金、资本市场来实现和完成的,有效弥补了国内资金、高技术人才和劳动力缺口,在全球范围内实现了资源的优化配置。第三是全球化为美国跨国公司组织全球化生产和经营网络创造了条件。全球化有利于美国跨国公司在生产、营销、人才和融资等层面实施全球化战略,利用现代信息技术使其全球的子公司跨越国界的经济交易内部化,更好地利用和整合全球的资源。20 世纪 90 年代末,美国全球化经营的企业比重已超过

75%,而 90 年代初期仅为 25%①。此外,美国的新经济还受益于全球化的制度优势因素。整体上看,美国凭借其在国际货币基金组织、世界银行、世界贸易组织等国际组织中主要发起人地位,在国际贸易、金融、投资等国际规则的制定中发挥着主导作用。关键是,在其主导地位下全力推行的,以本国利益为取向的国际经济政策,重塑了有利于发挥美国优势的国际经济制度和制度环境。如美国政府致力于推动贸易和投资的自由化,推动世界范围的规制改革,培育一个法治、开放的世界市场。美国借助这些全球化的制度优势,扩大了国际贸易和投资,刺激了创新和技术进步,推动了新经济的较快发展。

---

①　宋玉华:《美国新经济研究——经济范式转型与制度演化》,人民出版社 2002 年版,第 598 页。

第三章　新经济——"中国制造 2025"

第一节　"中国制造 2025"发展战略的实施现状

　　纵观人类历史的长河,世界强国的兴衰史和中华民族的奋斗史反复证明,强大的制造业是立国之本、兴国之器和强国之基。准确说来,独立完整和高端先进的制造业体系是支撑一国经济社会发展的重要基石,也是推动世界经济发展的重要力量。当前,全球产业竞争格局正在发生重大调整,新一代信息技术与制造业深度融合,正在引发影响深远的产业革命。面临这样一种世界经济发展大势,党的十八大提出,到2020 年要基本实现工业化和全面建成小康社会,中国制造业作为实现这一战略目标的主导力量,肩负着由大到强的伟大历史使命。党中央和国务院立足经济新常态的发展实际,以新发展理念为指导,以供给侧结构性改革为主线,坚持稳中求进的总基调,实施创新驱动战略,善于把握由制造大国迈向制造强国的一切发展契机。坚持按照"创新驱动、质量为先、绿色发展、结构优化、人才为本"的总体要求,着力提升中国制造业发展的质量和效益。整体看来,"中国制造 2025"发展战略实施三年来,无论是工业化进程,还是创新驱动发展能力均取得了积极进展。

一、创新驱动发展战略稳步推进,自主创新能力明显提升

当前,制造技术的不断创新发展,不仅会带动传统制造领域的生产率提高和产品附加值的提升,还会带来高新技术产业和战略性新兴产业中数量众多的新材料、新能源、新生物产品、新装备的出现,推进制造业的转型升级。我国创新驱动发展战略取得积极进展可以概括为三个方面:一是我国研发投入持续增长。目前,我国规模以上企业的研发投入,近几年来一直处于世界前列。统计数据显示,2015 年中国研发经费支出规模达到 14169.9 亿元,比上年增长 8.9%,较 2011 年翻了一番,支出规模仅次于美国,稳居世界第二位。基础研究投入力度加大,2015 年我国基础研究经费支出达到 716.1 亿元,比上年增长 16.7%,占研发经费支出的比例达到 5.1%,提高 0.4 个百分点,这是近 9 年来基础研究经费占研发经费支出的比例首次突破 5%。2016 年,全社会研发经费支出与国内生产总值之比高达 2.08%,超过了世界各国研发投入占 GDP 比重的平均水平。二是规模以上工业企业实现利润总额稳步增长。2016 年全国规模以上工业企业实现利润总额 68803.2 亿元,比上年增长 8.5%。2017 年 1—3 月份,规模以上工业企业利润总额同比增长 28.3%,增速比 1—2 月份回落 3.2 个百分点。统计数据显示,我国制造业整体质量水平不断提升,在不断打造世界品牌和拓展国际市场的同时,也较好地保障了国内消费的稳定增长和经济的持续发展。三是推动国家制造业创新中心建设步伐加快。国家制造业创新中心建设是构建制造业创新体系的重要举措。"中国制造 2025"推进两年多来,继国家动力电池创新中心成立后,一批国家级制造业创新中心陆续成立。目前国家增材制造创新中心进入创建阶段,北京、江苏等省(直辖市)建设了 19 家省级制造业创新中心,形成开放性的平台,能够

为更多企业提供创新服务,也有利于解决我国长期以来产学研联动的问题。统计数据显示,2016 年全年国内有效发明专利拥有量突破 100 万件,技术交易额超过 1 万亿元。科技进步贡献率上升到 56.2%,创新对经济发展的支撑作用明显增强①。还有就是推进制造业与互联网融合发展、优化制造业发展环境等层面。我们和德国签署了合作协议,就"中国制造 2025"和德国"工业 4.0"已经建立合作机制,并且在智能制造标准体系建设等一些细分领域都取得了积极成效。四是一批重大成果不断涌现。2016 年全年签订技术合同成交额 11407 亿元,比上年增长 16.0%。一方面一批重大创新项目进展顺利,如神舟十一号载人飞船与天宫二号空间实验室成功对接、世界最大口径射电望远镜建成使用、中国自主研发芯片的超级计算机"神威·太湖之光"再次刷新世界纪录等等。另一方面中国制造的国际竞争力明显增强。比如高精度数控齿轮磨床、多轴精密重型机床、数控冲压生产线等高技术产品跻身于世界先进行列。还有 ARJ21-700 新型涡扇支线客机投入商业运营,C919 大型客机实现首飞,全球首颗量子卫星发射成功,自主研制的"海斗"号无人潜水器使我国成为继日本、美国之后第三个拥有研制万米级无人潜水器能力的国家,等等。一批重大科技成果的涌现和转化,凸显了中国制造的软实力。

二、高度重视智能制造发展,阶段性成效显著

工业自动化是智能制造的基础。目前,中国工业自动化几乎覆盖到了包括汽车、电子、机械、危险品制造、国防军工、化工、轻工等在内的所有制造领域,对于智能制造的发展至关重要。智能制造是培育全球

---

① 李克强:《政府工作报告》,人民出版社 2017 年版,第 7 页。

经济发展新动能的关键,智能制造的发展将驱动新兴产业快速成长,为经济增长注入强有力的新动能,并帮助传统产业实现生产制造与市场多样化需求之间的动态匹配,增加产出,减少消耗,提高品质,大幅度提高劳动生产率。数据显示,2015 年,我国智能制造产值在 1 万亿元左右。随着"中国制造 2025"发展战略的顺利推进,2020 年有望超过 3 万亿元,年复合增长率约为 20%。智能制造取得的积极进展可以概括为三个方面:一是中央和地方政府高度重视智能制造发展,出台了相关政策加大支持力度。发展智能制造,是中国实现新兴产业培育发展与传统产业改造升级有机结合的最佳途径,《中国制造 2025》已将智能制造作为主攻方向和突破口,持续加大对智能制造项目的扶持力度。2015 年、2016 年两年间,工信部连续开展两批次总共 109 个智能制造试点示范项目,2015 年工信部还开展了 94 个项目的智能制造专项。事实上,抓住智能制造这个核心,必将对深化制造业和互联网融合发展、夯实实体经济根基产生重要而深远的影响。目前,中国的智能制造取得了积极进展,发布了《智能制造发展规划》《智能制造工程实施指南》《国家智能制造标准体系建设指南》等一些纲领性规划。同时,高性能大型金属构件激光增材制造装备、分布式控制系统(DCS)等一些关键技术与装备取得重大进展,探索形成网络协同制造、大规模个性化定制等一批较成熟、可复制、可推广的智能制造新模式,持续深化了国家、地方和企业层面智能制造的国际合作,并取得了显著成效。二是智能制造中机器人产业的发展规模和技术水平不断提升。目前,很多行业都已经出现了一些比较成功的智能制造案例。如三一重工"18 号厂房"的"柔性生产线",不仅可以同时生产多种产品,还可以保证最快一小时下线一台泵车。尤其是智能制造产业的代表机器人产业,自"中国制造 2025"战略实施以来,机器人制造产业发展速度不断加快,全国已建成和在建的机器人产业园区超过了 40 个,短短几年时间,机器人制造企业的数量超过了 800 家。2016 年,我国工业机器人产量已经达到 7.24 万台,同比增长了 34.3%,产业规模日益扩大。机器人产业的技术水平明显提升,人机协作机器人等高技术含量机器人已经推向市场,骨科手术机器人在三甲医院已经实现了批量应用,语音识别技术、图像识别技术等一些机器人的专有技术,在国际上已经达到了先进水平。同时,国际合作在进一步深入推进,从产品、技术、标准认证、合资合作等方面,国际交流日益广泛。三是中国智能制造——手机产业国际竞争力不断增强。目前,中国的华为、联想代表中国智能制造的企业连续三年(2015—2017 年)在全球市场占有率方面实现稳步增长。华为从 2015 年的 8.3% 上升到 2017 年的 11.1%,华为品牌的全球市场占有率已经进入全球前三;联想从 5.4% 一路上升到 8.5%;乐金、小米、OPPO、TCL 等品牌全球市场增长率基本比较平稳。而国外的三星和苹果呈现逐步衰减的态势,三年间从 24.7% 衰减到 22.6%;苹果从 18.2% 衰减到 15.6%(见表 3-1)。总体来看,两年来,通过各方共同努力,"中国制造 2025"实施取得了积极进展,推进智能制造的社会共识已经形成,成效不断显现。同时,我们也要清醒地认识到,智能制造是一个新生事物,推进智能制造是一项复杂的系统工程,各国都在不断的探索中,全世界都面临着标准、网络、信息安全、人才等一系列共同的问题和挑战。

表 3-1　2015—2017 年排名前十手机品牌全球市场占有率

排　名	2015 年		2016 年		2017 年（第一季度）	
	品　牌	市占率	品　牌	市占率	品　牌	市占率
1	三星	24.70%	三星	22.80%	三星	22.60%
2	苹果	18.20%	苹果	15.30%	苹果	15.60%
3	华为	8.30%	华为	9.60%	华为	11.10%

续表

排 名	2015 年		2016 年		2017 年（第一季度）	
	品 牌	市占率	品 牌	市占率	品 牌	市占率
4	联想	5.40%	联想	7.20%	联想	8.50%
5	乐金	5.20%	乐金	6.00%	乐金	7.10%
6	小米	5.20%	小米	5.50%	小米	5.50%
7	OPPO	3.80%	OPPO	3.70%	OPPO	3.80%
8	TCL	3.70%	TCL	3.70%	TCL	3.80%
9	BBK/VIVO	3.60%	BBK/VIVO	3.70%	BBK/VIVO	3.20%
10	中兴	3.40%	中兴	3.50%	中兴	3.00%
	其他	18.50%	其他	18.90%	其他	15.90%
总生产数量（单位：百万部）		1298.3		1359.6		1459.0

数据来源：作者根据网站数据整理。

三、工业产业结构持续优化，发展增速和企业利润显著提升

"中国制造 2025"实施以来，紧紧围绕结构调整与转型升级这一主线，大力支持企业应用新技术、新工艺、新设备、新材料，加大技术改造和提升工业技术水平。两年以来，我国制造业在国民经济中的比重不断上升，制造业内部结构也逐渐优化，先进产能比重持续上升，低端落后产能不断淘汰。产业结构调整取得重要进展的同时，工业发展的质量和效益也在稳步提升。一是重点行业先进产能比重快速提高。目前智能制造、高速轨道交通、海洋工程等高端装备制造业产值占装备制造业的比重超过 10%，海洋工程装备接单量占世界市场份额的 29.5%，新型干法水泥生产线占海外市场份额达到 40%，国产品牌智能手机的国内市场占有率超过 70%。二是工业增速明显加快，企业利润快速增长。2017 年第一季度统计数据显示，全国规模以上工业增加值同比实际增长 6.8%，增速比上年同期加快 1.0 个百分点，比上年全年加快

0.8个百分点。工业增速明显加快,企业利润快速增长。服务业增长较快,产业结构持续改善。第二产业增加值高达7万亿元,同比实际增长6.4%,增速较上年第四季度和上年同期分别增加0.3和0.5个百分点。第二产业对GDP增长的贡献率近年来呈现小幅上升趋势,但2017年第一季度贡献率为36.1%,较上年同期提高1.1个百分点。表明在供给侧结构性改革的背景下,我国工业生产态势向好,对经济增长的贡献率开始回升。三是供给侧结构性改革成果初现,经济结构持续优化。2016年,党中央和国务院以供给侧结构性改革为主线,积极推进"三去一降一补"任务。以钢铁、煤炭行业为重点去产能,全年退出钢铁产能超过6500万吨、煤炭产能超过2.9亿吨,超额完成年度目标任务,分流职工也得到了较好的安置。2016年工业企业利润由上年的下降2.3%转为增长8.5%,单位国内生产总值能耗下降5%,由此可见,工业经济发展质量和效益得到明显改善。2017年第一季度数据显示,规模以上工业产能利用率为75.8%,比上年第四季度提高2.0个百分点。毋庸置疑,供给侧结构性改革成果初现,形成一种倒逼机制,要求不断提高标准,加快运用先进技术改造和提升传统产业,提升制造业供给体系的质量和效率,促进我国制造业向更高水平迈进。

四、新一代信息技术与中国制造融合趋势明显,制造业内部结构深刻变革

2015年我国推出了"中国制造2025"战略和"互联网+"行动计划以来,这成为我国努力抓住新一轮科技革命和产业革命机遇、大力发展新经济、培育经济增长新动能的核心战略。"中国制造2025"发展战略旨在通过工业化和信息化深度融合的手段,推动实施国家制造业创新建设、智能制造、工业强基、绿色发展、高端装备五大工程,以及加快发

展新一代信息技术等十大领域来实现建设制造强国的目标。自从
2015 年 3 月以来,李克强总理多次强调提速降费。提速降费可以极大
促进信息技术的普及和应用,推动互联网和实体经济深度融合发展,加
快传统产业的转型升级,助力新动能的成长。整体看来,两化融合和制
造业结构转型升级层面取得了以下三个方面的积极进展。一是新一代
信息技术与制造业融合创新。当前,现代信息技术、新能源、新材料、生
物技术等重要领域的突破和交叉融合,物联网、云计算、大数据等新一
代信息技术不断融入工业研发、生产、服务和管理等各个环节,并加速
向集成应用阶段发展,不断催生出新业态、新模式和新产品,正在引发
新一轮产业革命。虚拟技术、3D 打印、工业互联网、大数据技术正在重
构制造业技术体系,网络众包、异地协同设计、大规模个性化定制、精准
供应链管理等正在构筑企业新的竞争优势。工业智能化水平大幅度提
升,从其他数控机床的行业统计数据来看,我国的数控机床产业已经具
有良好的发展势头。从国内市场看,尽管中低端数控机床的市场份额
占了绝大部分,其中中档数控机床占到了 40%,低档的更是占到了
50%,高端数控机床仅占到了 10%。但是国产金属加工机床产值市场
占有率继续提高,达到了 80%,国产数控机床产值市场占有率达到
75%①。另外,自主品牌智能手机、智能电视和低端服务器国内市场占
有率分别超过 70%、87% 和 50%。例如华为智能手机,全球市场占有率
已从 2015 年的 8.3%,升至 2017 年的 11.1%。OPPO 从 2015 年的
3.8% 升至 2017 年的 8.5%。以上数据佐证了新兴产业快速发展,两化
融合支撑能力不断增强。二是大力改造提升传统产业,工业发展质量
和效益不断提升。深入实施"中国制造 2025"以来,制造业加快大数

① 中国机床商务网,http://www.jc35.com/news/detail/50929.html。

据、云计算、物联网应用，以新技术、新业态、新模式，持续推动传统产业生产、管理和营销模式变革。产业形态正在从生产型制造向服务型制造转变，促进定制化生产逐步取代大批量流水线生产。通过改造传统行业、提高产业效率，逐步迈向"双中高"，信息技术对经济新动能形成的促进作用日趋明显。从运营实践看，"中国制造2025"实施两年以来，两化融合管理体系贯标企业的运营成本大大降低，经营利润平均增长了6.9%，运营成本平均下降了8.8%，47%的大企业搭建了运营协同创新平台。比较有代表性的案例——邢台钢铁公司，近年来，企业"两化融合"逐步升华为国家战略，走新型工业化道路，以信息化推动企业高效、创新、绿色的持续发展。从邢钢信息化10年磨一剑的历程中，一个从战略到战术，从董事长到基层员工都高度重视、高度融合的企业，其信息化合力威力巨大。工信部信息化促进司司长徐愈表示，邢钢十年企业信息化建设与应用的实践，就是这样一个将信息化与企业发展战略紧密联系起来的典型案例，而且是基于国内软件产品实践成功的典型案例。邢钢的企业规模不是很大，但在经营和管理的信息化上，做得很有特色，尤其值得学习和推广。三是全社会重视实体经济发展，重视制造业的良好局面正在形成。首先，国家层面先后出台了11个重点领域的实施方案或行动计划，绝大多数省（自治区、直辖市）成立了制造强省（自治区、直辖市）建设领导小组，制定了实施方案或行动纲要，启动了一批重大项目工程和专项。这些措施有力地促进了制造业投资，对制造业企稳向好起到了积极作用。有关数据显示，2017年第一季度中央企业累计实现净利润2264.2亿元，同比增长26.5%，其中归属于母公司所有者的净利润1202.7亿元，同比增长24.6%。102家中央企业中，有99家企业赢利，81家企业增利，43家企业效益增幅超过10%。石油石化、钢铁、有色、煤炭等传统产业去产能工作进展顺利，提质增效取得积极进展。先进制造业、现代服务业等行业效益贡献稳步提升,开启了经济效益增长的"双引擎"。

五、工业生产资源能源消耗降低,绿色发展能力明显增强

党的十八届五中全会提出新发展理念,要求实现"十三五"时期发展目标,破解发展难题,厚植发展优势,必须牢固树立并切实贯彻创新、协调、绿色、开放、共享的发展理念。毋庸讳言,"中国制造 2025"也必须贯彻新发展理念,尤其是绿色发展理念。工业是国民经济发展的主要支撑,也是能源消耗和环境污染的主要来源,更是节能减排和绿色发展工作的重点和难点,推进工业低碳发展、绿色发展责无旁贷。整体看来,中国工业绿色发展能力有了显著提升,主要包括以下三个方面。一是工业领域节能减排工作取得积极进展。近年来,工业领域节能减排采取了一系列的行动计划和政策措施,如大气污染防治行动计划、全面实施钢铁、有色、化工、建材等六大重点耗能行业技术改造工程、电机能效提升计划、工业固体废物综合利用基地建设试点等等,促进工业节能减排工作取得了很大的进步。我国单位 GDP 能耗不断下降,2011—2015 年,单位 GDP 能耗降幅分别达 2.0%、3.7%、3.8%、4.8%、5.5%,节能成效显示出逐年向好的趋势。尤其是,"十三五"节能工作取得良好开局,节能降耗稳步推进,2016 年单位 GDP 能耗下降 5%,2017 年第一季度单位国内生产总值能耗同比下降 3.8%。根据国家能源局 2017年能源工作指导意见,2017 年全国能源消费总量控制在 44 亿吨标煤左右。结合中科院、高盛等机构对 2017 年我国 GDP 增速 6.5%左右的预测,2017 年我国单位 GDP 能耗预计降低 5.2%。二是工业产业结构调整初见成效。党中央、国务院提出"中国制造 2025"以来,加快推进制造业结构调整,积极推行制造强国战略,制造业转型升级步伐加快。

一方面从固定资产投资看,2016年以重化工业为主的高耗能制造业投资增速回落,化学原料和化学制品投资下降1.6%,有色金属冶炼和压延加工业投资下降5.8%,高耗能制造业增加值增速回落。数据显示,2016年,六大高耗能行业增加值增速较上年回落1.1个百分点①。另一方面,高新技术制造行业发展较快,新动能快速成长。2016年,工业战略性新兴产业和高技术制造业增加值分别增长10.5%和10.8%,新能源汽车增长40%,智能手机增长9.9%。2017年第一季度战略性新兴产业增加值同比增长10.3%,增速比规模以上工业高3.5个百分点。三是绿色制造支撑绿色发展步伐加快。绿色制造是一种综合考虑面向材料、设计、生产制造、运行维护、循环再利用等,产品全生命周期过程资源效率与环境影响的现代产品开发和制造模式②。绿色制造是发展绿色经济、推进制造业可持续发展、重塑制造业竞争新优势、抢占未来经济竞争制高点的根本抓手,也是世界各国制造业未来发展的重要主题和技术创新领域。尽管我国与欧美发达国家绿色制造技术水平相比,存在企业绿色化发展水平低,缺乏绿色装备、绿色生态车间、绿色生态工厂和绿色生态产业园,绿色制造技术创新及生产应用也存在较大国际差距。但是,实施"中国制造2025"战略以来,党中央、国务院高度重视和推进绿色制造,虚心学习借鉴发达国家经验,成立了国家绿色制造标准化委员会,制定并实施一批绿色制造相关标准。但相对量大面广的制造业,需要制定修订更多的绿色制造标准。总的看来,我国绿色制造发展前景广阔,积极推进绿色制造技术及装备创新发展、建设绿色工厂和绿色产业园正当其时③。

---

① 丁茂战、刘海军:《加快推进制造业转型升级》,《求实》2017年第10期。
② 单忠德:《绿色制造助推绿色发展》,《学习时报》2015年11月26日。
③ 单忠德:《绿色制造助推绿色发展》,《学习时报》2015年11月26日。

第二节　"中国制造 2025"实施面临的
主要问题与挑战

"中国制造 2025"实施两年以来,全社会高度重视实体经济发展,积极推进制造业与互联网融合发展,不断优化制造业发展体制机制环境。可以说,制造强国战略进入全面实施的新阶段,国家制造业创新中心建设、智能制造、工业强基、绿色制造和高端装备创新等五大工程扎实推进,一批重大创新成果不断涌现,工业化进程阶段性成效初现,中国制造的国际竞争力也明显提升。但是,"中国制造 2025"发展战略是个艰巨而复杂的系统工程,我们也应充分认识到该战略面临的多重挑战和问题。

一、中国制造业发展面临"双向挤压"的严峻挑战

从当前的世界经济发展形势来看,发达国家"高端制造业回流"和"再工业化战略"与一些新兴经济体(东南亚国家和非洲国家)劳动力比较优势逐步凸显,对我国制造业发展形成了"双向挤压"的严峻挑战。一是以美国为代表的发达国家实施了"再工业化"战略,高端制造领域出现向发达国家"逆转移"和"回流"的态势。高端制造业重新成为全球经济竞争的制高点,各国纷纷制定以重振制造业为核心的再工业化战略,力求在未来全球经济竞争中抢占先机。例如,美国发布《先进制造业伙伴计划》《先进制造业国家战略计划》《制造业创新网络计划》,要打造成世界先进技术和服务的区域中心,持续关注制造业技术创新,并将技术转化为面向市场的生产制造。德国也不甘落后,及时发布《工业 4.0》,要通过信息网络与物理生产系统的融合来改变当前的工业生产与服务模式,

使德国成为先进智能制造技术的创造者和供应者。日本在《2014 制造业白皮书》中强调重点发展机器人、下一代清洁能源汽车、再生医疗以及 3D 打印技术。英国发布《英国制造 2050》,要推进服务+再制造(以生产为中心的价值链)。法国发布《"新工业法国"战略》,集中解决能源、数字革命和经济生活三大问题,确定 34 个优先发展的工业项目。由此可见,当前制造业向发达国家的回流迹象非常明显。二是跨国公司全球生产布局已开始调整,回流趋势明显。从微观企业层面看,跨国企业生产布局重新调整已经开启,如苹果电脑已在美国本土设厂生产;日本制造企业松下把立式洗衣机和微波炉生产线从中国转移到日本国内;阿迪达斯已在德国建立一家新工厂,计划在美国建立类似新工厂等等。据波士顿咨询公司的调查显示,200 个大型制造企业,21%的企业表示已经开始或预备在两年内将部分生产线从中国搬回美国,而 31%开始考虑"回流生产"。毋庸讳言,随着中国经济发展的追赶效应减弱与国际前沿技术的接近,从发达国家获得技术的难度和成本不断加大,经济增长的比较优势和后发优势不断削弱。三是不断攀升的制造业成本,倒逼制造业"回流"和"分流"。随着国内人力、土地、环境、能源、资源等要素成本全面上升,倒逼在华跨国公司制造业加快向低成本国家转移。一些跨国资本直接到新兴国家投资设厂,有的则考虑将中国工厂迁至其他新兴市场国家。再者一些东南亚和非洲国家充分利用自身的劳动力成本、资源禀赋等比较优势,进军中低端制造业,分流中国现有的市场。总的来看,新的竞争优势没有形成、原有竞争优势衰减,使我国制造业正面临着发达国家"高端回流"和发展中国家"中低端分流"的双向挤压。

二、资源能源和环境约束突出,绿色制造技术落后

从经济增长理论看,要想维持经济的中高速增长,必须投入更多的

资源来支撑。一是我国资源能源供给相对不足。目前人均淡水、耕地、森林资源占有量仅为世界平均水平的 28%、40% 和 25%,石油、铁矿石、铜等重要矿产资源的人均可采储量分别为世界人均水平的 7.7%、17%、17%。随着中国工业化和城镇化的快速推进,要素投入为主导的发展方式向创新驱动转型相对较慢,加上资源与环境成本低廉,导致对黑色能源资源依然有很大需求。可见,随着我国经济的稳步增长,资源能源的约束效应在逐步趋紧。例如,当前一边新能源项目不断上马,一边"弃风电光电"矛盾突出。新能源补贴加剧了新旧能源的利益博弈,传统补贴方式不仅使新能源发电企业失去了创新的动力,长期下去,还将直接导致企业丧失市场竞争力,从而遏制我国新能源产业的发展。另外,电网企业经营和输电的特权挤压了新能源的发展空间,由于火电企业的体量普遍较大,部分地方政府为了保护当地经济效益,往往选择放弃光电风电来保持火电占比,从而保持地方经济的稳定,增加了黑色能源结构转型的阻力,也挤占了新能源的发展空间。二是环境承载能力较为脆弱。从环境约束层面来看,我国以重化工业为主的工业结构导致资源能源需求强劲,黑色能源结构和重化工业主导的工业结构转型滞后,加上一些地方政府和企业单纯依靠大规模要素投入的粗放型发展模式,过度追求经济增长速度和经济效益,再加上环境监管不力与违法成本偏低,导致环境污染问题日益突出。据《2015 年中国环境状况公报》显示,全国 338 个地级以上城市中,265 个城市环境空气质量超标,占 78.4%。480 个城市(区、县)开展了降水监测,酸雨城市比例为 22.5%,酸雨频率平均为 14.0%,酸雨类型总体仍为硫酸型。三是绿色制造能力国际差距较大。中国是绿色化制造技术水平低,制造方式粗放,更多关注效益和产值,对资源能源消耗相对关注少,更缺乏明确的资源能源消耗考核目标,缺乏绿色制造标准及规范。据数据显示,中国单位能耗仍是世界平均水平的 1.8 倍,远远高于美国、欧盟及日本。而欧美发达国家高度重视绿色制造新技术研发,关注绿色制造发展模式,关注绿色产品开发。诸如美国在绿色制造技术创新中,为了进一步提高数字化工厂中水、能源和材料的利用率,2012 年提出了到2020 年原材料消耗量减少 15%、加工废屑减少 90%、能耗减少 75% 的目标。

三、产业供需结构性失衡问题突出,高端制造和智能制造发展滞后

进入"十三五"以来,随着我国供给侧结构性改革的深入推进,"三去一降一补"任务取得了积极进展。但是,中国工业结构内部深层次的矛盾依然没有彻底解决。一方面供需关系结构性矛盾比较突出。当前,化解传统制造业过剩产能任务仍然繁重,工业发展尚缺乏统筹协调,区域产业发展同质化问题依然严重。在产业结构方面,我国制造业中资源密集型产业比重过大,技术密集型产业偏低,钢铁、电解铝、平板玻璃、水泥等供给能力大幅度超出需求,光伏、风电等新兴产业也开始出现产能利用效率不高。虽然我国强力推出去产能、去库存的政策组合,但受制于当前较大经济下行压力、地方保护主义和下岗职工安置等一系列问题的掣肘,实际效果没有达到预期目标。据调研获知,在我国制造业 31 个行业大类中,非金属矿物制造业、技术制品业等传统行业占比高达 86%,高端产品和高附加值产品供不应求,无效和低端产品严重过剩,低端和落后产能规模居高不下。一定程度上挤占了新经济新动能的发展空间,严重制约着中国制造业的转型升级。另外,我国生产性服务业发展仍然滞后,发达国家生产性服务业占服务业比重已高达 50% 以上,成为国民经济的支柱产业,而我国虽然已经是全球加工

制造业中心,但这一比重却达不到 20%,而且主要停留在批发零售、运输仓储等低附加值领域和环节。另一方面,高端装备制造业和智能制造发展滞后。高端装备制造业处于产业链核心环节,智能制造是实施"中国制造 2025"的主攻方向,二者均是推动工业转型升级的关键引擎。而我国高端装备制造业与世界先进水平仍有较大差距。据统计数据显示,国内机器人和高端自动控制系统 95%、高档数控机床的 90%、高档数控系统的 95% 的市场份额被国外产品占领。在重点装备的核心技术上依然与工业发达国家有较大差距,自主品牌明显缺乏,关键核心技术与高端装备对外依存度偏高。据海关总署统计,截至 2016 年 10 月底,中国集成电路的进口金额高达 11908 亿元,与上年同期相比增长 9.6%。而同期中国的原油进口仅为 6078 亿元,中国在芯片进口上的花费已经接近原油的两倍。以手机制造产业为例,国家统计局数据显示,截至 2016 年 10 月底,中国智能手机产量高达 12.38 亿台,差不多占了全球产量的七成,但是手机自主创造芯片占比不足 5%。可见,高端制造和智能制造依然是我国制造业发展的短板。

四、工业信息基础设施建设滞后,信息安全防范技术较弱

从"中国制造 2025"实施两年的实践来看,工业信息基础设施建设滞后、信息安全防范技术能力较弱已经阻碍了制造强国战略的实施。主要体现在以下两个方面:一是工业信息基础设施建设滞后,提速降费任务艰巨。从整体看来,当前我国的工业信息化水平仍然不高,信息基础设施建设和应用水平与发达国家差距较大,工业化和信息化深度融合仍有巨大潜力可挖。例如,要广泛推广信息物理系统(CPS),必须建立能够承载海量大数据交换的高质量宽带网络,而目前国内的宽带网络远远难以胜任。可靠性和覆盖范围对机械工程和自动化工程至关重

要,国家需要投巨资将宽带网络大规模升级,提高可靠性、服务质量、覆盖范围及性价比等任务依然艰巨。2015年5月20日,国务院办公厅印发了《关于加快高速宽带网络建设推进网络提速降费的指导意见》,2016年、2017年工信部继续深入实施网络提速降费措施。但是目前企业和个人的"获得感"依然不强。二是信息安全问题掣肘于智能制造。智能制造极度依赖 CPS、物联网和大数据技术,在这些数据中往往包含知识产权和商业机密等关键信息。如何在随时在线、随时可定位的垂直网络和平行网络中,确保数据不被滥用是需要解决的技术难题。但是,当前国家关于数据安全的法律法规建设滞后,无法对未来智能制造所产生的海量大数据实现依法安全监管。另外,我国的新一代信息技术与制造技术深度融合发展和信息安全防范技术,与发达国家差距较大。国内很多网络安全核心技术和关键设备,以及数据安全的核心设备,都被外国公司所垄断,网络安全前景令人担忧。而且,随着发达国家和地区已开始步入制造业与信息技术全面综合集成,以数字化、网络化应用为特点的新阶段,数据安全的重要性更是不言而喻。以发端于2017年5月的勒索病毒为例。据统计数据,目前全球100多个国家和地区都被勒索病毒所影响,估计全球已有超过10万台电脑被感染。这个事件折射出信息安全防范技术的强弱也直接关系到一国制造业的兴衰。

五、信息化和工业化深度融合不够,自助创新能力不足

众所周知,两化深度融合是建设制造强国、走新型工业化道路和转变发展方式的重要动力引擎,更是打造工业竞争新优势的重要抓手。目前存在的主要问题有:一方面是两化融合深度不够。从世界经济论坛发布《2016年全球信息技术报告》来看,其对世界139个国家的信息

通信技术发展状况进行了全面评估并加以排名,而中国的排名列在第59 位,远低于美、日、德、韩等发达国家。论坛同时指出,数字经济是"第四次工业革命"框架中不可缺少的一部分。"数字化"不仅仅是技术,它还是一种思维方式,以及新型商业模式和消费模式创新的源泉,为企业和个人进行组织、生产、贸易和创新提供了新的途径。从两化融合实践来看,我国企业利用信息技术改造传统生产方式和工艺流程的意愿不高,"互联网+现代制造"的理念模糊,大部分地区和行业仍处于以初级或局部应用为主的阶段。且不同地区、行业及不同规模企业间信息化水平差距明显。据中国两化融合服务平台对 70000 余家企业两化融合评估数据统计显示,当前我国进入集成提升与创新突破阶段的企业比例仅为 14.6%。作为"中国制造 2025"主攻方向——智能制造的重点是围绕设计、制造和营销等环节,深化信息技术的集成应用。但是在提高生产设备、生产过程、制造工艺智能化水平,加快工业机器人等先进制造技术与现代信息技术融合的深度还远远不够,严重影响了中国智能制造发展的进程。另一方面制造业自主创新能力不足。自"中国制造 2025"实施以来,在一些领域取得了一批重大技术创新成果,比如,成功研发了我国首款柔性复合工业机器人并实现了年产 50台的生产能力,首架国产大飞机 C919 试飞成功,世界最大单体射电望远镜建成,世界最大基因库投入运营等等①。但是与制造强国战略的要求相比,我国的自主创新能力依然较弱。据统计数据显示:目前,我国技术对外依存度高达 50% 以上,95% 的高档数控系统、80% 的芯片、几乎全部高档液压件、密封件和发动机都依靠进口。毋庸讳言,新的历史时期,必须把增强创新能力摆在更加突出的位置,加强关键核心技术

---

① 黄群慧:《全面实施制造强国战略的新阶段》,《经济日报》2017 年 5 月 17 日。

攻关,加速科技成果产业化,着力提高关键环节和重点领域的创新能力,坚持毫不动摇地走创新驱动发展的道路。

六、高端制造业人才匮乏,时代"工匠精神"缺失

随着制造强国战略不断深入推进,高端制造业人才供给不足和时代"工匠精神"缺失成为"中国制造2025"发展的硬件短板和软件短板。一方面中国制造高端人才需求缺口较大。"中国制造2025"实施两年来,国家各职能部委分别发布了"中国制造2025"的重点领域路线图,以及制造业创新中心建设、工业强基、智能制造、高端装备、绿色制造五大工程的实施指南。但是五大工程需求的高端人才缺口较大。当前"中国制造2025"和"工业4.0"对技能人才、创新研发人才、工业设计和智能制造人才的需求标准高、规模大,客观上要求他们能熟练驾驭数据处理和网络技术、能看懂图纸、能理解订单要求、能调整机器参数和能修正错误误差,能够处理CPS、物联网和大数据环境下的复杂问题。据有关数据显示,国内工程制造、自动化和金融等领域的毕业生,只有10%左右具备全球化企业的雇佣价值。虽然在理论知识积累方面占据优势,但国内大学生往往缺乏解决实际问题的能力。囿于中国职业教育发展滞后、专业界限过于明显、重显性技能轻隐性技能、办学机制相对僵化等瓶颈问题,难以适应新经济生产方式和组织方式的变革需求,难以提供制造业转型升级所需要的人力资源升级服务。整体看来,高端制造人才的供给缺口,无论是国外直接引进,还是国内加速培养,短期内很难取得突破。另一方面,中国制造业领域中"工匠精神"缺失。李克强总理多次强调要培育精益求精的工匠精神,这恰恰证明了我国制造业"工匠精神"缺失程度较严重。在现代制造业领域,从粗制滥造的产品到随处可见"心不在焉"的工作状态,从日常服务业

中敷衍了事的心态到社会责任缺失得过且过的态度都折射出"工匠精神"的缺失。准确地说,"工匠精神"是指工匠对产品的精雕细琢、精益求精的价值诉求理念,其背后蕴含的是对产品细节极致完美的追求,彰显的是一种永不满足、不断超越的职业文明和创新精神,是中国制造文化和现代工业文明的有力支撑。在 2025 年,中国制造将摆脱质次价廉的标签,迈入世界制造强国之列,需要时代的"工匠精神"来支撑,需要"工匠精神"的隐性特质展示中国质量、中国品牌、中国创造、中国服务和中国自信等五个层面的价值取向。

第三节　"中国制造 2025"与制度选择

人们需要制度促进经济生活,引导人际交往和社会发展的"软件",经济交易也不可能在真空中发挥作用。事实上,在经济增长速度和共同体成员满足其经济目标的程度上,制度的类型和质量造成了巨大的差异[①]。据此,中国制造的繁荣发展需要有效的制度安排来引导和支撑。

一、搞好制度顶层设计,坚持市场主导和政府引导相协同

从历史发展实践看,繁荣在全世界的持续扩散最终取决于培育恰当的制度,而恰当的制度形成的前提是科学的顶层设计。中国制造业繁荣发展的制度选择应该包含以下三个层面。一是搞好制度顶层设计,坚持市场主导和政府引导相协同。2017 年 3 月,两会期间工信部

---

① 柯武钢、史漫飞:《制度经济学——社会秩序与公共政策》,商务印书馆 2008 年版,第 1 页。

部长苗圩指出,党的十八届三中全会确定了"使市场在资源配置中起决定性作用和更好发挥政府作用"的施政取向。未来我们还要继续坚持市场化的改革方向,这也是我们制定"中国制造2025"及相关政策的出发点。由此可见,完善制度顶层设计,加强政府与市场的协同、中央和地方的联动是推动"中国制造2025"战略的制度选择。法国领导人让·莫内在欧盟建立过程中发挥了重要作用,他说过"没有人,一切皆不可能,没有制度,一切皆不可持续"。在"中国制造2025"战略推进中,政府应尝试在动态变革中建立起一个合理的制度安排,加快自身职能转变,为市场主体作用的发挥提供有效的监管和引导,致力于提升市场效率和公平性,而不是以市场失灵为借口来代替市场。二是全面深化改革,完善产业发展制度环境。加快政策支持型政府向服务型政府的职能转变,进一步推动放管服改革,在市场准入、产学研用合作、知识产权保护等方面提供政策支撑保障。通过加快制定区域差别化发展政策,加快试点城市和示范行业先进经验的推广应用,充分激励"中国制造2025"战略的落地生效。继续扩大放管服改革的惠及范围,鼓励产学研用多方合作,加强区域协作和对外开放,利用好国际国内两个市场两种资源。重视大中小企业协作机制建设,要发挥大型企业引领作用,加大对中小微企业的扶持力度,形成区域联动、错位竞争的良好发展格局。2017年5月,李克强总理在国务院常务会上强调,《中国制造2025》,大中小企业要融通发展,中小企业为大企业注入活力,大企业带动小企业协同发展。三是通过有效的制度设计,破解国际上的"双重挤压"态势。从世界各国历史发展实践来看,国家与国家之间的竞争,实质上就是两国制度之间的竞争。美国学者弗朗西斯·福山指出,导致发展差距的一个重要原因是拉丁美洲制度方面的缺陷。拉美人的财产在很长时间里得不到保障,这不仅使得本地区的资本大量外逃,还让很多国外投资者望而却步①。因此要统筹制度设计与应用的协同性，要把制度的顶层设计和精准施策结合起来，提高制度的适应性效率，通过制度优势的"虹吸"效应来吸引国外的高端人才、前沿技术等高级生产要素，来支撑国内的经济增长，有效化解"双向挤压"的态势。实施层面应进一步细化制造业创新发展的实施细则，建立公平合理的竞争机制，加强知识产权保护，建设法治化的营商环境，让市场能够以更高的效率和更低的成本提供交换服务。

二、创新体制机制，加快能源结构转变和制造业升级

诺斯认为，制度在社会中具有更为基础性作用，它们是决定长期经济绩效的根本因素。制度框架中蕴含着激励的元素，简而言之，有效的制度安排和创新体制机制可以激励加快能源结构转变和制造业升级。一是重视能源资源节约和合理利用，加快能源结构转型。应以党的十八届五中全会提出的新发展理念为指导，着力优化能源供给结构，持续化解防范煤炭、煤电产能过剩，坚决落实到 2020 年煤电装机规模控制在 11 亿千瓦以内的目标。提升可再生能源的消化能力，加快清洁能源输送通道建设，对弃风率、弃光率不达标的省份，暂停安排新建风电、光伏发电规模。积极推进黑色能源和化石能源向清洁能源转型，走绿色制造的强国之路。同时，要通过制度创新和价格机制来约束企业的资源利用，倡导节约能源资源的生产方式和消费方式。加强环境保护和生态建设，明确各行各业节能降耗的标准、目标和政策措施，鼓励节能减排技术创新。二是全面落实创新驱动发展战略，加快制造业转型升级。2016 年《政府工作报告》指出，要保持经济中高速增长，推动产业

---

① 弗朗西斯·福山：《落后之源——诠释拉美和美国的发展鸿沟》，中信出版集团 2015 年版，第 272 页。

迈向中高端水平。一方面实施创新驱动发展先进制造业,着力优化产业和产品结构、提升品种品质品牌、增强产业配套能力、化解过剩产能等重点领域,既重视技术创新引领战略性新兴产业快速发展。也重视"互联网+"、智能制造等新技术新业态改造传统产业,尤其是要把"中国制造2025""互联网+""双创"三大政策体系紧密结合起来,积极推动传统制造业与互联网的深度融合。三是重视发展先进装备制造业、服务制造业。高端装备制造业处于产业链核心环节,是推动工业转型升级的关键引擎,而我国高端装备制造业与世界先进水平仍有较大差距。重视发挥装备制造业的技术密集、附加值高、物质要素耗费少、成长空间大、带动作用强的智能装备等优势,推动企业技术改造升级,优化产业布局、促进大中小企业协同发展。积极发展服务制造业(生产性服务业),鼓励企业向专业化和价值链高端发展,推动企业向研发设计、物流与供应链管理、电子商务、融资租赁、节能环保、人力资源等十大领域发展服务制造业。

三、优化产业政策,构建以智能制造为主导的现代产业体系

智能制造依靠大数据、软件等核心要素投入,以工业互联网为支撑,以电子商务为平台促进了信息与实体的融合,加快了信息技术对传统产业的改造,进一步推动了制造业与服务业的融合,三次产业界限日趋模糊,三次产业在融合发展中逐步实现转型升级,进而形成具有更高生产率的现代产业体系。一是认清我国智能制造发展的基础条件。从整体上看,当前我国制造业处于机械化、电气化、自动化和信息化并存的阶段,不同地区、不同行业和不同企业的智能化发展水平差异较大。推进智能制造发展还面临许多突出问题,主要有感知、控制、决策和执行等核心环节的关键技术设备还受制于人,智能制造的标准、软件、网

络和信息安全的基础还十分薄弱,各类智能制造管理模式还亟待培育推广,智能化集成应用领域非常有限等一系列瓶颈。二是构建以智能制造为先导的现代产业体系。现代产业体系的创新发展主要驱动力来自制造业发展,而"中国制造 2025"的主攻方向就是智能制造。在实施层面要坚持产业政策引导,以企业为主体,政府协调推动,深入推进试点示范区建设。深化"产学研用"协同攻关和强化产业基础支撑,加快突破数控机床与机器人、智能传感与控制、增材制造、智能检测、智能物流与仓储等五大领域的关键技术和核心装备。强化产业基础支撑,加快研发核心支撑软件,推进工业互联网建设,健全智能制造标准体系。三是加快培育智能制造新模式。应围绕智能化生产、网络化协同、个性化定制、制造型服务四大重点,加快培育智能制造新模式,重塑制造业产业链、供应链和价值链。要聚焦重点领域和关键环节,选择骨干企业,开展关键技术装备和先进制造工艺集成应用。加快传统产业和中小企业智能化改造进程,加快培育形成一批高水平系统解决方案供应商[1]。同时,也要利用积极的产业政策鼓励生产要素和资源跨部门流动,以智能制造发展和打造智能制造体系为先导,促进农业向智慧农业转型和向服务业延伸,以服务智慧城市建设和智能制造发展为目标推动生产性服务业大发展,培育城乡一二三产业融合的新业态。

四、完善激励机制,强化信息基础设施建设和两化深度融合

制度的激励功能适应了社会发展的需要,其通过传递信息、引领观念、指导行为而达到激励的目的。应该在制度设计和建设中得到系统的、完整的体现。一是完善投融资激励机制,加快信息基础设施建设。

---

[1] 马凯:《大力发展智能制造 推动中国制造业转型升级》,新华社,2017 年 2 月 26 日。

信息基础设施建设是互联网发展"十三五"规划的重点。信息基础设施主要包括宽带、4G 网络、5G 网络、IPv6 网络在内的各类网络建设,以及大数据中心、云计算中心在内的各类数据中心建设。要创新投融体制机制,加速开放民间资本,充分挖掘 PPP 模式的发展潜力,拓宽投融资渠道,在资金使用导向上继续优化网络架构,为"互联网+"、云计算、物联网和智能制造等创新和发展提供坚实的信息基础设施。投资规模方面,在"十三五"期间要求相关信息基础设施建设的投资规模持续扩大。保障"十三五"期间我国网络建设投资规模,实现 17500 亿元左右的目标,加快网络、通信基础设施建设和升级。二是持续推进《两化深度融合创新推进 2016 专项行动实施方案》的七项重点工作。加快推进信息化和工业化的深度融合,要继续贯彻推进工业和信息化部印发的《两化深度融合创新推进 2016 专项行动实施方案》确定的七项重点工作,即深化制造业与互联网融合发展;全面推进两化融合管理体系贯标工作;组织开展两化融合管理对标、评估和诊断;组织开展制造业与互联网融合发展试点示范;提升两化融合系统解决方案能力;提升工业信息安全技术支撑和保障能力;推动国际交流与合作。三是建立健全激励约束机制。要建立健全激励约束机制,引导规范两化融合管理体系市场化服务和监管机制良性运转。在组织开展两化融合管理对标、评估和诊断方面,研究完善企业两化融合评估体系和服务模型,组织省市工业和信息化主管部门、中央企业集团和行业协会,推动企业全面开展两化融合自评估、自诊断、自对标。通过制度建设的有效激励,充分调动和激发对标企业、服务机构和行业协会的积极性,加快形成市场化的企业信息化诊断咨询服务机制,推动制造业和互联网深度融合发展①。

---

① 工业和信息化部:《两化深度融合创新推进 2016 专项行动实施方案》,《经济日报》2016 年 4 月 21 日。

五、优化制度供给,培育高端制造人才和时代"工匠精神"

培育高端制造人才和时代"工匠精神"关键是优化制度供给,通过有效的制度设计、教育改革、人力资源开发等措施,为人才的培养和工匠精神的孕育创造宽松的体制机制环境。实施层面应把握以下三个方面:一是完善相关的正式制度和非正式制度建设。要注重正式制度与非正式制度约束的协同并举。诺斯认为由非正式制度、正式制度和实施特征所组成的混合体共同决定选择集合和最终结果。尽管正式制度只是形塑选择约束的很小一部分,但正式制度是非正式制度的基础,可以强化和补充非正式制度的有效性。据此,在培育制造高端人才和工匠精神过程中,建立健全各种配套的制度体系(政治制度、经济制度和社会制度)的同时,也应注重法律、制度、契约的保障激励作用与日常行为规范、行事准则、企业文化和价值取向等非正式制度的有机结合。二是完善育人用人体制机制,培养一流的高端制造人才队伍。提出加快推进人才发展体制和政策创新,构建有国际竞争力的人才制度优势。应围绕"中国制造 2025"战略实施,围绕智能制造、绿色制造、高端装备和制造业创新中心建设和工业强基五大工程需求导向,深化教育体制机制改革,健全人才培养选拔机制,优化人才结构。通过中国制造标准和规范体系建设,完善制造强国需要的选人、用人、育人机制,鼓励企业培养符合"延伸服务链条"需求的专业技术人才、经营管理人才和高技能人才,满足"中国制造 2025"发展战略人才的个性化、定制化服务环节和柔性化生产环节的多层次需求。三是深化职业教育体制改革,培育一流的"工匠"队伍。实施国家高技能人才振兴计划,为实现"中国制造 2025"建设制造业强国目标提供高素质、掌握最新技术技能的人才支撑。加快理论性、学术型教育体制向技能型、应用型体制转型,切实转变学生就业观念,尤其是家长的辅助就业理念。要把工匠精神的培养纳入国民教育体系,让工匠精神贯穿到义务教育、基础教育、高等教育、职业教育和成人教育等各个阶段,培养学生专注耐心、精益求精、追求卓越的职业操守。同时,也要进一步提高技能人才、高职人才的收入和社会地位,从户口迁移、职称评定、人才引进和出国深造等层面获得与高等院校学生平等的参与机会,使工匠精神得到同行的推崇、社会的敬仰和政府的认可。

第四章　新经济——共享经济

第一节　共享经济在我国的发展现状

随着移动互联网时代的到来,共享经济开始迅速渗透和延伸到各个行业。尤其是近来一段时间,滴滴打车和 Uber 的合并,各大中城市共享单车"风起云涌"。可以说,中国已经步入共享经济时代。共享经济的核心,就是让信息对称,提高信息匹配效率,激活经济剩余,以及挖掘使用权的潜在价值,推崇协同消费。据此,加强共享经济发展的研究和有效监管是我们当前必须面对的重要课题。

一、"共享经济"发展模式的提出

共享经济(Sharing Economy),也被称为分享经济,最早出自美国麻省理工学院经济学教授马丁·威茨曼于 1986 年出版的《分享经济》一书。简而言之,共享经济是指在互联网信息技术发展和普及的前提下,能让商品、服务、数据(资源)及(人的)才能等具有共享渠道的经济发展模式,它是信息经济发展的典型创新的 2.0 模式。在协同消费新理念的引领下,共享经济被赋予新的定义和内涵。人与人之间能够便利地借用或租用他人拥有的闲置资源,主张闲置即浪费,分享产生价值,鼓励人们彼此分享暂时闲置的资源,从而达到资源的最大化利用。共享经济将物品的归属权与使用权相分离,更加注重对使用权的最大化利用。强调的是使用权,而非所有权,是对传统产权观的一种革新和颠覆。

从发展实践上看,在共享经济中,沟通和共享形成了一种新的生产力,有效激活了经济剩余。一方面随着移动互联网、大数据、云计算、物联网等技术平台的快速发展,供需双方的沟通和交易成本大大降低,资源对接和配置的效率也大大提高,供给方通过暂时让渡使用权获得收益,需求方也因此减少了开销,既节约了资源节约又保护了环境。因此共享经济也是一种符合国家绿色发展理念的新经济模式。另一方面分享经济的特征是大众参与、激活经济剩余、资源高效配置、用户体验更好,着重"不求拥有,但求所用"的新经济模式,在社会范围内重新对接供需,产生了新的效益。既符合中央供给侧结构性改革的要求,满足消费者的潜在需求,又对整个社会的资源重构、组织重构、供需重塑,甚至治理模式都带来积极影响,形成了中国经济发展的一股新动能。例如在分享经济中,滴滴公司扮演着先行者和实践者的角色,其用90%以上的应答率和60%的拼成率,解决了打车难,同时将分享经济的模式和理念带到了中国400多个城市,让2.5亿中国百姓切实感受到了分享经济带来的便利与舒适。

2015年3月5日,李克强总理在《政府工作报告》中首次提出"互联网+"的概念,并要求制订"互联网+"行动计划。与此同时,伴随着大众对互联网平台开放性、共享性思维方式的认同,一种新型的经济模式——"共享经济"也走进了人们的生活,这将引领新一轮的商业革命。2015年10月,党的十八届五中全会提出"共享发展"的新理念,为共享经济在中国的快速发展推波助澜。2016年年初,李克强总理在

《政府工作报告》两次提到促进分享经济发展,支持分享经济发展,从之前中央文件中的"发展分享经济"到现在的促进和支持,足以看到分享经济在中国整体经济发展战略格局中的地位变得日益重要。

二、共享经济发展的前提条件

共享经济作为一种新型的商业模式,正不断向人们展示着自身的优越性和创造性。但是,共享经济的形成和发展需要具备一定的现实条件。梳理分析国际国内共享经济发展的历程,共享经济发展的前提条件可以归纳为五个方面:第一是现代信息技术为共享经济搭建了互动和供需平台。毋庸置疑,互联网、计算机、智能手机等现代通信技术的发展为信息分享提供了平台,搜索引擎、识别系统、大数据处理以及支付手段的集成应用也为共享经济的发展提供了重要的技术支撑。例如,打车软件(滴滴、快递、Uber、易到用车等)的兴起既满足了用户用车的体验式消费,又节省了用户的时间成本。第二是社会存在经济剩余。经济剩余即社会存在闲置生产力。共享经济的实质是对社会闲置资源的一种再配置,但前提是供给方有闲置的资源,而这一闲置资源又正好是他人所需求。如此一来,供给方可以在不增加成本的基础上获取额外收益,而需求方也可以用相对较低的同类产品和服务的市场价格获得产品的使用权,经济剩余通过共享平台实现了双方的互利共赢,是一种典型的"正和博弈"。第三是社会信用体系的有力支撑。在非人际关系交换中,交换发生于素未谋面的陌生人之间,交换发生的前提是需要一套全新的信用体系来保证双方可以安全地交易,让交易双方可以在没见面时,彼此双方能产生基本的信用判断。供给方要相信自己的东西不会被恶意损坏或无偿占有,需求方要相信为自己提供服务或产品的人是值得信赖和可靠的,而不用担心因交换可能面临的钱财损失或者人身安全的威胁。可见,这样的交换需要社会诚信体系来支撑,否则人们很难共享经济剩余红利。第四是存在资源短缺约束。目前,资源紧缺与经济社会发展的约束矛盾越来越突出,这种紧缺不仅仅体现在石油、煤炭、天然气等大宗物资商品上,而且也表现在人们日常生活中所需的公共物品、私人服务和用品上。如出行、住宿、餐饮、办公、知识技能、物流等各个领域,以停车位为例,据有关部门估计目前我国停车位缺口超过 5000 万个(见图 4-1),而短期内这么大的缺口是很

(单位: 万个)

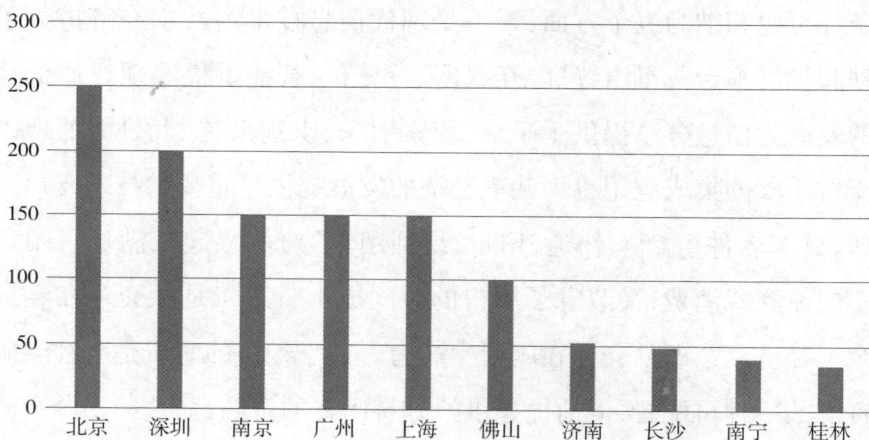

图 4-1 主要城市 2016 年停车位缺口

资料来源:兴业证券研究所(2016 年)。

难通过基础设施建设来弥补的(特别是大中城市),所以有相当大一部分必须通过"共享平台"的模式才能解决。美国环保人士安妮·丽娜尔(Annie Leonar)在影片《物品的故事》(*The Story of Stuff*)中也强调资源的日益枯竭致使更多的人选择替代产品。共享经济就可通过资源的重复利用,满足更多人的需求,减少污染,实现绿色循环和可持续发展。第五是特定经济形势的推动。梳理欧美国家分享经济的发展历程,发现分享经济是经济运行下行周期的产物。美国很多的共享经济——商

业模式都是发生在2008—2009年,主要缘于次贷危机的爆发使得人们重新审视和调整消费观念,也彻底改变了消费者对所有权的认知和态度,减少支出和控制成本使更多的人倾向于合作式的消费模式。合作共享式的消费模式,对于需求方可以在成本最小化的前提下,最大限度地满足需求。对于供给方可通过闲置资源分享,拓宽收入渠道。

三、我国共享经济发展的现状

(一)共享经济三种商业模式运行现状

随着互联网技术、移动智能终端设备的普及和发展,共享式消费模式已被许多人接受和认可,众多的新兴互联网企业也开始了在共享经济领域中尝试创新商业模式。目前共享经济主要有三种模式:一是以产品服务为中心的共享模式。以产品服务为中心的商业模式主要表现在用户对某种产品有需求,但却不需要拥有它,就可通过与人共享的方式来获得该物品一定期间内的使用权。例如爱日租、易到用车、共享单车都属于此类共享模式。爱日租作为房屋租赁在线短租平台,帮人们实现的是"房屋共享"。易到用车作为交通出行的一个汽车租赁平台,帮人们实现的是"汽车共享"。尤其是2017年以来,发展如火如荼的"共享单车",典型平台有ofo、摩拜、小蓝等,据统计数据显示:目前共享单车平台企业有30余家,投放单车总数超过7000万辆。除此之外,目前在年轻人中流行的拼车、拼卡、拼桌等各种"拼模式",其实都属于共享产品服务这一模式。从整体上看,此类模式发展相对较为稳定,也得到了越来越多人的推崇。二是再分配市场模式。此类模式表现为用户将自己暂时不需要的物品转移到另一个需要它的人手中。例如在二手市场,人们手中如果有暂时闲置的或不再需要的物品,可选择去二手交易平台进行出售。一方面供应方可以利用闲置资源为自己创造经济收入;另一方面又可以低廉的价格为需求方提供便利。目前,国内已经出现了许多线上的跳蚤市场,如赶集网、淘宝闲鱼、淘宝二手和58转转等。其中赶集网是中国目前最大的分类信息门户网站之一,二手物品交易是其重要的功能板块,人们可以在上面免费发布二手物品的求购和转让信息。从运行实践来看,此类模式目前发展较为缓慢,很多平台推出不久就很快关闭了。比如舍得网,这个曾经在中国互联网界影响最大的物物交换网站,由于其不停地修改"游戏规则",没有清晰的目标定位和赢利模式,最终退出市场。三是协作型生活模式。此模式表现为拥有共同需求或利益诉求的人聚集在一起分享或交换空间、技能、知识等无形资产,其本质是借助互联网平台将互不认识但具有相同消费取向的零散消费者集合起来,从而形成多路资金的聚集,增加了消费者的议价和谈判能力,降低人们的消费成本。目前,协作型生活模式的典型代表是团购网站,国际上通称为B2T。随着中国电子商务的繁荣发展,团购这一新型的消费模式短短两年内在网民中流行起来,目前获得了较大程度的发展,其交易数量比美国还要庞大,很大程度上受益于其相对较低的定价。除了团购之外,还有旅游换房等。然而,目前国内的旅游换房还处于初级阶段,仅仅停留在"以货换货"的低级层面,这是因为旅游换房是以交换双方的诚信作为前提和基础的。而目前国内的诚信体系还无法保障这一模式快速和健康的发展。

(二)共享经济在交通、住宿领域的发展现状

随着互联网技术的快速发展,共享经济目前已经逐步扩展到各类相关的服务领域。据2017年2月国家信息中心发布的《中国分享经济报告2017》报告指出,2016年我国参与分享经济活动的人数超过6亿人,比上年增加1亿人左右。参与提供服务者人数约为6000万人,比上年增加1000万人。无论是作为普通老百姓新的生活方式,还是商业竞争的新领域,分享经济带来的创新交易突破了传统商业模式。但是,目前共享经济在交通、住宿、生活和教育四个领域的发展比较活跃。

交通出行领域:从中国的乘用车销量数据来看,过去7年间,中国的乘用车销量快速增长。2015年,中国汽车保有量达到1.54亿台,私人轿车保有量达到7590万台,同比增长18%。而中国的公路里程数自2009年开始维持5%以下的增长速度。① 这说明随着家庭轿车持有量的增加,汽车的闲置时间也快速增加。尽管近几年来政府所倡导的绿色出行方式,主要工具是自行车和电动车,但对于资金充足、追求卓越品质生活的人群而言并不会首选这一方式。这就客观上导致交通拥堵、资源闲置、污染严重等大城市病现象。为了有效缓解交通压力,政府在一些城市采取了限行限号等管制措施,虽然取得了一些短期成效,但是出行领域的供需矛盾还在不断激化,尤其是在出租车行业。长期以来,在很多人的出行方式中出租车扮演着不可或缺的角色,切实满足了大量的用车需求。但是近几年来,由于政府对出租车进行了牌照管制,使得大量的用车需求难以被满足,导致出行领域形成了供不应求的被动局面。

伴随着移动互联网技术的不断发展和移动支付手段的日益普及,共享经济开始在出行领域进行了大胆探索和发展。共享平台创新出行服务供给方式,主要提供专车预约、出租车预约、顺风车、拼车以及租车这五种用车模式。据调研获知,2015年普通用户在互联网上使用的出行类软件应用中,使用频率最高的是打车应用,占比达到84.3%;其次为专车类应用,占比为45.5%;租车和拼车应用为43.7%和35.9%;代

---

① 数据来源:《我国交通共享经济市场发展现状分析》,中国投资咨询网,2016年4月5日。

驾使用率 26.5%。① 从运营实体看，共享经济实践典型的公司就是快的、滴滴，快的打车于 2012 年 8 月在杭州正式上线；滴滴打车于 2012 年 9 月在北京正式上线。两家公司在成立之初只提供出租车预约服务，并通过提高价格补贴的方式在不断地争夺市场份额。它们凭借出色的大数据处理技术、创新管理能力和执行能力，在成立不到一年的时间内分别获得腾讯和阿里的投资，市场地位逐步稳固。在这期间，打车市场由滴滴和快的两家公司垄断。根据 2014 年第四季度的数据②，在国内打车软件市场份额中快的打车占比达到 56.5%，滴滴打车占比达到 43.3%，共同占比达到 99.8%。2015 年 2 月，在快的完成 6 亿美元的 D 轮融资后一个月，滴滴、快的两家公司宣布合并成为"滴滴出行"，并加快在顺风车、快车、专车、代驾等多个出行领域内的全面布局，旨在打造"全球最大的一站式出行平台"。由此，国内的打车软件市场形成了一股独大的垄断格局。据有关数据统计，截至 2015 年年底，滴滴出行业务已经覆盖全国 400 座城市。2016 年 8 月，滴滴出行宣布与 Uber 全球达成战略协议，滴滴出行收购优步中国的品牌、业务、数据等全部资产。据财新网报道，Uber 中国市值接近 70 亿美元，而滴滴出行保持最近一轮融资后估值，即 270 亿美元到 280 亿美元之间，合并的滴滴市值达 350 亿美元左右。除了 BAT 之外，中国又一个互联网巨头诞生了。

住宿领域：随着人们生活观念和消费方式的不断变化，传统意义上的酒店和宾馆已经无法满足消费者的多元化需求。同时，由于互联网电商的日渐成熟，住宿用户对于短期租赁的需求越来越大，二者直接催

---

① ② 数据来源：《共享经济深度研究报告六：共享经济在出行领域的发展》，中银国际证券，2015 年 10 月 21 日。

生了中国在线短租的快速发展。在线短租是一种典型的O2O房屋租赁模式,房屋所有者把自己的房源信息通过线上途径公布出来,有短租需求的用户可以在网页上浏览房屋信息,有短租需求的客户可以在线与房主交流直到交易成功。2011年,短期租赁在中国正式起步,相继涌现出爱日租、蚂蚁短租等一系列在线短租企业,这类企业的崛起和发展彰显出共享经济"以人为核心"的价值取向,在为人们提供个性化服务的同时,也使得部分闲置资源创造了新的经济价值。目前,国内在线短租平台主要分为三类:一是由独立运作团队来维护的创业型网站;二是以原本运营相关业务的互联网公司为依托来发展在线短租业务;三是传统房屋中介拓展在线业务,附带推出在线短租业务(见表4-1)。

表4-1　在线短租代表网站

网　　站	成立时间	总　部	赢利模式	房屋来源
爱日租	2011年6月	北京	向房东收取交易佣金,所占比例为交易金额的5%	个人,酒店式公寓
游天下	2011年9月	北京	闲置房源转化	自己的房源和为他人打理房子的人
蚂蚁短租	2011年11月	北京	交易佣金,所占比例为交易金额的10%	个人,酒店式公寓
途家	2011年12月	北京	托管服务和交易佣金、业主与途家以6:4的比例分成	斯维登酒店公寓
小猪短租	2012年8月	北京	交易佣金,所占比例为交易金额的10%	以个人为主

生活教育领域:随着"互联网+"新业态的蓬勃发展,在中国出现了在线生活服务和在线教育共享平台。一方面生活服务共享业务悄然兴起。如"陪爸妈",该模式主要以老年群体为设计对象,通过该平台可以将符合条件的医护人员聚集起来,需要相关服务的老年人可以在线

上选择和预约周边的护理人员,将老年人的需求与提供医护服务的人员直接对接,形成居家养老的模式。"回家吃饭"与"陪爸妈"商业模式类似,主要将社区内闲暇人员的烹饪技能充分整合起来,与上班族进行对接,实现类似于"搭伙"吃饭的邻里就餐服务。另一方面在教育行业也产生了类似的共享平台,最典型的是"在行",它是知名科学网站——果壳网于 2015 年推出的教育平台,在这一平台上,用户可发布自己希望解决的问题,并预约各个领域的行家,进行一对一的面谈。"在行"的模式,使得"传道授业"不仅仅是教师等专职人员的权利,在某个领域内拥有经验的普通人,只要有需求方,其经验就可以被定价、被售卖。例如果壳网上所列出的行家领域包括互联网、投资理财、创业、教育、艺术等知识共享平台。

第二节　共享经济发展面临的主要矛盾和问题

近年来,尽管我国共享经济发展速度较快,规模不断扩大,业态日益丰富。在共享经济领域已经涌现出一批成功的企业,如滴滴出行、蚂蚁短租、爱日租等。但作为一种新型的经济模式,共享经济的监管也面临一系列问题和矛盾。

一、监管机制僵化,配套法律法规建设滞后

从整体上看,中国共享经济模式的监管面临着两个突出问题。一是法律法规建设滞后。共享经济新模式是近几年在我国兴起的新鲜事物,市场发育很不完善,共享经济规模相对较小,法律法规建设滞后。据统计数据显示,2015 年中国分享经济市场规模占 GDP 的比例不足

1.6%,而美国分享经济总量占 GDP 的 3%。因此,规模偏小没有得到相关监管部门的高度重视,进而导致与新的商业模式相配套的法律法规建设滞后。而服务于传统经济模式的相关监管法律法规,难以解决共享模式下所产生的新问题,导致监管效果不仅会大打折扣,甚至直接扼杀新兴的经济业态。比如在住宿共享领域,会遇到服务人员培训和行业标准化的相关问题没有立法;在 Wi-Fi 共享领域会遇到实名制注册带来的网络安全和信息泄露问题的法规建设等等。二是监管机制僵化,"泛安全化"倾向明显。分享经济作为全民参与的商业模式,已经渗透到交通、旅行、金融、知识等众多领域。一方面监管对象变得无限庞杂化和虚拟化。共享经济发展需要降低准入门槛让大量非专业人员进入,建立一个庞大的产品和服务提供者的"蓄水池",自然就可能产生管理的"灰色地带"和"空白地带"。又受制于传统经济发展方式的抵触,因此地方政府对发展分享经济比较谨慎,"泛安全化"已经成为良性发展的"紧箍咒"。另一方面监管方式创新不够,监管机制僵化。由于共享经济创新性强、门槛低、成本小、速度快等行业特点,增加了行业层面的自律和监管的难度,行业监管协会等监管平台还没有形成,多部门协同监管机制不健全,行业层面治理体系和治理能力现代化建设滞后。在新政策层面探索改革力度小,甚至背离分享经济的要义,私人物品的可经营性与市场准入矛盾突出,在一定程度上阻碍了共享经济的良性发展。

二、信用体制机制建设滞后,个人信用体系缺失

共享经济发展的核心要素之一就是人与人之间的信任,信任是分享经济的硬通货。换句话说,只有建立信任机制,共享经济才能实现。一是我国征信体系仍不完善,信用体制机制建设滞后。多年来形成的

体制、机制方面的积弊甚多,导致信用体系建设工作很难推进,效率较低,成果不接地气。也即信用体系建设对促进交换、降低交易成本的主体作用不显著。社会参与空间不足,社会信用体系建设总体规划没有社会参与的空间和依据,严重挫伤了社会组织和个人参与信用体系建设的积极性。例如在分享经济发展实践中,只能依靠商业信用以及点评体系等渠道掌握供应方的信用,而真实有效的以人民银行征信中心为代表的金融征信,以及政府行政管理部门的各类征信管理难以与商业化的平台企业有效对接,缺乏数据信息的共享性使得平台企业对其服务对象的监管存在一定漏洞和不足,极大影响了共享经济发展的安全性和可持续性。二是个人信用体系建设还不成熟。中国的个人信用体系建设仍然处于起步和发展阶段,虽然管理当局正在这方面不断努力,采取了一些积极措施控制违约失信,但是效果不佳。按照《对失信者采取信用惩戒》的有关规定,实施失信者黑名单管理以来,截至 2015年 12 月,因违章乘火车而被列入失信黑名单的有 552 人。青海省实行失信被执行人名单制度后,2015 年该省已有 3512 名被执行人纳入中国法院失信人名单。可见,中国的个人信用体系建设还比较落后,与美国相比差距仍然很大。在个人信用方面,美国已经形成了"5C1S"——品德(Character)、能力(Capability)、条件(Conditon)、资本(Capital)、担保品(Collateral)、稳定性(Stability)的标准体系,这一体系造就了美国共享经济的典型——Uber 和 Airbnb 的繁荣。而中国却没有形成类似的防范个人信用缺失的体系。对于共享经济而言,大部分的交易都是在线上完成,线下完成体验,如果没有一套完善的征信体系来防止和约束对方违约行为,就会极大增加道德风险和提高守约方的交易成本,这对于共享经济的发展是极为不利的。

三、信息基础设施供给不足,平台资源稳定性差

众所周知,政府对公共服务的供给和平台监管负有主体责任,在共享经济领域,由于政府治理能力和治理体系的不足,导致共享经济发展领域出现了一些复杂问题。一是信息基础设施等公共服务供给缺口较大。毋庸讳言,分享经济在全社会大规模推广,离不开智能手机、高速无线网络、物联网和大数据技术的普及和应用,需要有统一的信息技术和网络基础设施作为底层基础支撑。如滴滴利用大数据分析,加快交通运输能力向智能交通生态体系发展。目前,滴滴出租车覆盖全国360座城市,每天订单高达400万;专车覆盖80座城市,每天订单300万;顺风车覆盖全国338座城市,每天订单182万等等。消化如此多的订单需要大数据工具支持供需数据的精准匹配。但是,目前我国网络基础设施等公共服务能力滞后,尽管互联网普及率已达到50.3%,但与发达国家80%以上的普及率仍有较大差距。二是互联网硬件资源分布极不均衡,提速降费任务艰巨。当前,中国移动宽带4G/3G应用主要分布在经济发达地区,部分中西部三四线城市和大多数农村地区信息基础设施供给严重不足,信息基础设施等公共服务区域供给差距较大。另外,提速降费任务实施效果不明显。自2015年5月中国移动、中国联通和中国电信三大运营商公布资费最高降幅35%以上的实施方案以来,至今已经两年时间,但是网民对"降费方案"的"获得感"依然不强。降费方案的顺利推进需要网民规模的扩大、相关政策法规的落实、合理的成本消化机制和完善的运营监管机制。三是平台资源稳定性差。个体商加入共享平台是以合作的形式,利用平台向需求方提供相应的商品或服务,共享平台与个体商的关系并不属于雇主与平台的雇佣劳动关系,导致共享平台对个体商的约束力不强,出现有效监

管主体的缺失,无法强制要求个体商在某个时间段利用平台接单。由于平台可能存在短期内客户端的"挤兑"现象,服务供应商垄断和供给缺口的存在,势必会造成用户满意度的下降,进而对平台造成不良的影响。例如 Uber 在刚起步阶段,由于实时在线司机数量极其有限,频繁出现乘客利用 Uber 客户端搜索不到附近的车辆,或者等待时间较长叫车难等现象。

四、商业模式创新不够,平台监管效率不高

目前,共享经济领域商业模式创新不够,平台企业碎片化竞争态势和单一价格竞争态势明显。一是赢利模式创新不够。我国共享经济起步晚,合作分享的思维方式与商业发展的主旋律融合相对滞后,大多数平台企业的运营模式和赢利模式都是从国外企业照搬过来的,本土化的创新意识不够。例如短租行业,大多数企业仿照国外 Home Away 和 Airbnb 的商业模式,缺乏自己的个性和特色,同质化竞争现象严重。其赢利模式大多为收取交易佣金,收入来源形式单一。二是各平台企业呈现碎片化的经营态势。从共享经济发展实践看,不同企业的服务平台之间缺乏互通互联和共享共治的协作理念,忽视人人共享、企企共享正在推动工业化社会向分享经济社会转型。例如在爱日租网站上获得好评或差评的服务信息,无法在途家等其他的平台上看到。服务平台之间的断裂性和"竖井心理",不利于企业降低运营成本,也容易误导消费者增加信息搜寻费用。三是平台企业之间主要是单一的价格竞争。据调研获知,无论是交通出行企业,还是住房短租平台,它们主要是依据价格优势维系供应商和客户黏性,服务供给方式创新不够,同质化低效率竞争问题突出。例如,在如火如荼的网约车市场,滴滴、Uber、神州专车等平台企业几乎均用高奖励制度——提高返现率来吸引司机

加盟,用电子优惠券折扣和充返等价格手段鼓励乘客使用。一旦这种变相补贴力度下降,势必会使得用户转向其他专车平台,这样既增加平台资源的不稳定性,又不利于分享组织的生态建设。

第三节　共享经济发展与制度选择

众所周知,共享经济对社会整体效率的提升有非常重要的作用,但是共享经济的良性发展需要技术创新、商业模式创新,尤其是制度创新来支撑,才能使其核心价值得以有效展现。共享经济作为一种富有活力的新型经济模式,势必会打破原有的思维方式、利益分配格局。据此,政府及时有效的监管是不可或缺的。正如法国社会学家涂尔干所言,"倘若没有相应的道德纪律,任何形式的社会活动都不会存在,而道德是由规范构成的,规范能够支配个体,也能够对个体加以限制"。

一、全面深化改革,创建包容共享的制度政策环境

新的经济范式和新的商业模式持续发展离不开与之相匹配的制度政策、法律保障、监管方式创新的有力支撑。针对当前我国共享经济领域的问题,实施有效监管应该聚焦以下三个方面:一是创新监管方式,完善相关法规制度体系。共享经济作为一种富有活力的新生经济模式,势必会打破固有的思维方式和利益分配格局,给政府的传统监管方式、监管体制等带来新的挑战和压力。创新监管方式,政府监管部门应当转变固有观念和态度,逐步完善监管体制,注重顶层设计,实施层面本着"法无禁止即无罪"的态度鼓励共享型经济企业在法律允许的范

围内发展。对新业态新模式转变监管重心,加强事中事后监管,要实施宽进严管。也要善于利用新型监管技术工具,如利用当前的"大数据"平台对这些企业的经营数据资源进行分析和整合,及时发现存在的问题,消除监管的灰色地带和空白区。同时,加快完善相关法律法规体系建设,为共享经济的发展营造健康的法律和制度环境。注重运用法治思维和法治方式创新监管。特别是严格执法,加大个人和平台企业的违法成本,增强监管执法威慑力、公信力,使监管主体和监管客体均不敢触碰法律红线。二是借鉴发达国家分享经济的监管经验。目前,美国政府鼓励采用分享交通系统来提高环境资源使用效率,大力促进集土地使用与服务分享于一体的综合社区的发展,利用分享理念推行了税务福利共享等政策。积极推行鼓励政策,通过分享城市建设更好地鼓励分享经济发展①。除此之外,我国可以借鉴韩国政府发展分享经济"示范城市"建设经验,尤其是汲取澳大利亚工党致力于保护澳大利亚工人、消费者在分享经济活动中的劳动权益,以及制定明确的分享经济劳动规则等一系列经验,结合中国国情实施有效监管。三是完善政策激励机制,落实国家绿色消费指导意见。积极完善政策激励机制建设,全面推动国家发展改革委等 10 个部门制定的《关于促进绿色消费的指导意见》,支持发展共享经济,鼓励个人闲置资源有效利用,有序发展网络预订拼车、自有车辆租赁、民宿出租、旧物交换利用等。同时大力推广利用"互联网+制度+技术"的监管范式,强化对"互联网+绿色消费"的有效监管,推动开展二手产品在线交易,满足不同主体多样化的绿色消费需求,充分发挥这些政策对共享经济发展产生的实质性推动作用。

---

① 马化腾等:《分享经济——供给侧价格的新经济方案》,中信出版集团 2016 年版,第 350 页。

二、加快征信体制机制建设,健全社会信用体系

共享经济模式正是基于信任和信用的一种商业模式,公众的互信度在衡量社会经济平稳发展、防范社会风险和化解潜在危机方面具有重要的参考价值。根据西美尔所提出的社会信任理论,当处于不确定性和复杂程度较高的社会情境时,人们会自动评估自身利益是否会受损,进而决定是否信任潜在的互动对象。在共享经济领域培育信用环境应抓好以下三个方面:一是尽快建立互联互通的信用平台。从具体实施层面,应该细化管理、精准施策、层层落实,加快推进和全覆盖身份证信息验证、移动应用平台账号登录验证、通信应用信用额度等诸多先进技术和管理创新,加快征信体制机制建设,尽快建立互通的社会信用平台,实行信用信息终身制,为每个人和社会组织建立信用档案,对重大背信或守信行为予以记录,为信任评估提供参考和制度依托。二是借鉴发达国家信用建设以及信用治理经验。应借鉴美国信用体系建设的先进经验,逐步建立包括个人信用记录等级、查询、评估、管理等在内的完善的个人信用制度建设,提高用户失信成本,防止人们跨越道德红线,保证交易的安全性和便利性。通过信用体系建设的"正能量"和"软约束"来减少各类社会群体之间的互动成本,确保有效的经济(或非经济)交换,从而起到维持社会秩序,降低社会风险和危机隐患的重要作用。三是加快信用体制机制建设。应加快完善信息机制等配套制度建设,培育信用共享的制度环境。大力发展征信市场,推进征信市场的社会化建设,强调金融征信平台、行政管理平台等各类征信平台的互联互通和无缝对接,打破信用信息孤岛,重视违法失信行为等信息资源在线披露和共享,在为经营者提供信用信息查询、企业网上身份确认等服务的同时,政府各职能部门通过形成监管合力来惩治诈骗、失信等行

为,引领构筑守法诚信新风尚。四是积极创新信用管理新模式。应该深化信用管理与共享经济运营实践的结合,建立完善守信联合激励和失信联合惩戒机制。坚持以问题为导向的创新。例如从 2017 年 5 月 15 日起,南京实施共享单车信用共享机制,交警部门与 8 家共享单车企业建立共享单车用户的信用共享数据,一旦骑车人被列为交通违法失信人员,各品牌共享单车平台均对其停止注册、使用。

三、加快信息基础设施建设,推进落实"提速降费"

分享经济的快速发展,需要大数据、物联网、云计算和智能化等现代信息技术的有力支撑。因此必须加快信息网络领域投融资机制建设,增加政府基础设施等公共服务的有效供给,提速降费,为共享经济的发展增加新动能。一是应加快投融资机制建设,保障信息基础设施资金投入。应坚持信息基础设施建设的持续化投入,投资领域应聚焦于县域及县域以下基层地区建设,重视通过精准布局、示范引导、重点发力、规划目标等建设途径,提高资金使用效率。大力推动城市老旧小区的光纤化改造,引导各地建设"光网城市",全面推动城市接入网络光纤化进程,也要把投资保障网络基础设施等公共服务供给与现阶段的脱贫攻坚紧密结合起来协同推进。要拓展投融资渠道,通过 PPP 模式、股权众筹等一切融资模式,部署推广政府和社会资本合作模式,汇聚社会力量增加公共产品和服务供给。加快宽带基础设施建设,大幅加速我国固定宽带网络"光进铜退"步伐,消除数字鸿沟,为更多的人参与分享经济服务平台创造条件。二是增加网民的"提速降费"的获得感。坚决执行国务院办公厅 2015 年 5 月印发的《关于加快高速宽带网络建设推进网络提速降费的指导意见》,以要求"加快基础设施建设,大幅提高网络速率"为宗旨,全面推进实现 2017 年我国宽带发展目标,积极推动各项政策措施落实和各项发展目标的顺利完成。加快建立第三方评估机制,促进国家主管部门和地方政府通力合作,完善监管政策设计,形成政策合力,不断优化我国的宽带发展政策环境。全面加快建设高速宽带网络,促进提速降费的措施落实,扩大高速宽带网络建设规模,不断提升网络运行质量和效率。促进提速降费,既可改善人民生活,又能降低创业创新成本,为创新驱动发展战略和"互联网+"行动提供有力支撑,切实增加网民和大众的"提速降费"的获得感。

四、创新共享协作机制,控制企业经营风险

共享经济的内涵是协同消费,为有效应对共享经济带来的新消费浪潮,必须在遵循其自身发展内在逻辑的基础上,既要促进商业模式创新,又要提高治理效率。一是创新商业模式,拓展营收渠道。对于加入共享经济行业的企业来说,在创业初期,可以借鉴成功企业经验,但不能一味模仿和复制,而应该针对自己平台上的产品和服务,融入一些创新性元素,比如加强网站的个性化设计,注重提升消费者服务体验;采取适当的营销手段,降低消费者的心理价位;创新赢利模式,如与第三方合作,为客户提供旅游保险等服务,也可在网站上通过展示房屋信息或出售广告收费,使赢利模式更加多元化。同时,共享型经济企业应积极响应国家号召,推动"双创"的落实,加大人才的投入和支持力度,为企业的发展注入创新智力元素。二是建立激励机制,引导平台企业之间的协作共享。企业应当转变观念,与其他应用平台之间加强合作、共享信息。以短租行业为例,如果不同平台的用户评价信息可以共享,就能有效地避免用户损失,从而提高用户对于这一新兴经济形态的认可度和接受度。对于卖家亦是如此,在蚂蚁短租上信誉度很高的卖家如果去其他的网站开店,若之前的信誉可以嫁接在新的网站上,那卖家就

不需要再从零开始。这样既可以帮助用户有效地进行判断和选择,又可以提高卖家的积极性和创造性,从而为用户提供更优质的服务。三是提高风险意识,警惕资本泡沫。共享经济引发的资本狂热潮也引起了许多人的担忧。埃里克斯·威翰姆(Alex Wilhelm)认为:新经济时代企业的突出特征是资本大量涌入,出现投资上的"蜂拥"现象,导致许多公司都被过度估值。然而,事实上这些企业收入增长很快,甚至囤积现金很多。诸如现在的"共享单车",产业如火如荼但是没有真正赢利,等到这些公司上市后,资本会赚到一大笔钱,企业就像是个"黑洞"或"陷阱"。因此投资者在投资和创业者在创业过程中需要防范这些陷阱。尤其是要警惕类似于泛 Airbnb 模式的蔓延,认清概念炒作背后的机会主义行为。

第五章　新经济——互联网金融

　　互联网金融就是互联网技术对传统金融行业渗透的不断深化,以及我国金融体制机制不断创新下催生的新的金融业态。如 P2P 网贷、众筹融资、互联网支付、基于大数据的网络信用贷款,等等。整体上看来,与传统金融相比,互联网金融有助于降低交易成本、加强资金的流动性、扩大交易边界、提高资源配置效率等突出优势。但是,互联网技术和信息通信技术的广泛应用强化了金融风险的隐蔽性、传染性、广泛性、突发性的显著特点。加之行业整体基本处于"缺门槛、缺规则、缺监管"的无序状态,与之伴随的各种风险严重威胁着金融市场的稳定。显然,加快互联网金融发展的理论和政策监管的研究,力图促使"野蛮生长"的互联网金融逐步走上规范化、良性化的发展道路,支持实体经济发展,显得重要而迫切。

第一节　我国互联网金融发展的历程与现状

一、我国互联网金融的发展历程

随着云计算、大数据、电子商务和社交网络等新一代互联网信息技术的风起云涌,第三方支付与移动支付、P2P网络贷款、互联网理财、众筹融资等基于互联网开展业务的新型互联网金融模式正在迅速崛起,已经发展成为不可逆转的时代金融潮流。从其发展历程看,我国互联网金融主要经历了三个阶段。第一阶段:2005年以前。这一阶段属于萌芽时期。我国互联网金融在萌芽阶段一片风平浪静,没有引起大多数人的关注。这一阶段互联网金融主要表现是,金融机构依托互联网铺展业务,把部分业务从线下搬到线上,大大提高了金融工作效率。当时的互联网金融也可以说是金融互联网,主体不是平台企业,而是传统的金融机构依托互联网技术渗透和延伸逐步开展金融业务,关注点大都在技术应用领域,真正深入到业务领域的很少,真正意义的互联网金融业态还没有体现出来。第二阶段:2005年到2011年。这一阶段是我国互联网金融的成长阶段。以支付宝为首的第三方支付机构逐渐成熟起来。2011年,中国人民银行开始发放第三方支付营业牌照,第三方支付的发展逐步进入了正轨。此后,网络贷款等多种业态陆续开始出现。整体看来,互联网金融已经不仅仅局限于技术领域,而是逐渐深入到核心业务领域。第三阶段:2012年至今。这一阶段我国互联网金融呈现出井喷式发展,互联网金融实践创新呈爆炸式增长,各种互联网金融发展新业态、新模式、新产品接踵而至。证券和保险网络公司获批,互联网金融从此进入了一个全新的发展阶段。可以说2013年是我国互联网金融发展的元年,诸如成立于2013年10月的京东金融,成立于2013年10月的腾讯旗下财付通网络金融小贷,以及成立于2014年10月阿里巴巴集团旗下的蚂蚁小贷,等等。整体看来,2014年才是我国互联网金融真正的快速大发展时期。具体各业态的演进发展历程,参见我国互联网金融的标志性事件,如表5-1所示。

表 5-1　我国互联网金融的标志性事件

时　间	事　件	事件详情
2013 年 6 月 17 日	"余额宝"上线	支付宝联合天弘基金推出了余额宝,是互联网基金创新的第一大理财产品。截至 2015 年 12 月 31 日,用户规模达到 1.49 亿,净资产规模突破 7 千亿元
2013 年 7 月 6 日	第三方支付牌照	中国人民银行再度发放了新一批第三方公司的支付牌照,包括新浪、百度在内的 27 家公司
2013 年 8 月 5 日	微信 5.0 接入支付	微信 5.0 接入微信移动支付功能,微信支付使用财付通的支付牌照、账户体系和安全体系,打通了 O2O 的最后一环
2013 年 10 月 9 日	阿里控股天弘基金	阿里出资 11.8 亿元控制天弘基金 51% 的股权
2013 年 10 月 28 日	"百发百赚"上线	百度联合华夏基金推出了货币基金百发,4 个小时销售额突破 10 亿元,三天后又相继推出第二款产品百赚,继续保持热销势头
2013 年 11 月 6 日	"众安在线"上线	阿里巴巴、中国平安和腾讯等联手建立中国首家网络保险公司——众安在线
2014 年 1 月 3 日	移动支付 年度大战	腾讯的滴滴打车和阿里巴巴的快的打车补贴争抢移动互联网市场
2014 年 1 月 22 日	"理财通"上线	腾讯与华夏基金合作推出微信理财产品理财通。截至 2015 年 12 月 31 日,净资产规模突破 800 亿元
2014 年 2 月 13 日	"京东白条"公测	消费者在京东购物便可申请最高 1.5 万个人贷款支付,并在 3—24 个月内分期还款
2014 年 3 月 14 日	第三方支付拟受限	个人账户单笔转账金额不得超过 1000 元,年累计不得超过 1 万元;个人单笔消费金额不得超过 5000 元,月累计消费金额不得超过 1 万元
2014 年 4 月 15 日	"百度钱包"上线	百度钱包是一个可以返现的钱包,打通了旗下广大商家与用户之间的障碍,实现了集付款转账等为一体的消费体验方式
2014 年 7 月—9 月	五大民营银行获批	首批试点的五家民营银行包括深圳前海微众银行、上海华瑞银行、天津金城银行、浙江网商银行和温州民商银行
2014 年 9 月 10 日	小米进军 互联网金融	小米科技与顺为资本作为领投企业,投资了 P2P 积木盒子,是小米在互联网金融行业的重要布局

续表

时 间	事 件	事件详情
2014 年 9 月 24 日	"校园白条"推出	校园白条是继京东白条之后推出的第二款"白条"产品,是专门为大学生推出的先消费、后付款的信用服务,实际上是信用卡分期消费的服务模式
2014 年 10 月 16 日	蚂蚁金服集团成立	蚂蚁金服的主要服务对象定位为小微企业和个人消费者,是阿里巴巴在金融领域的强大势力的集成,几乎包含了阿里巴巴所有的金融业务
2015 年 1 月 28 日	招商银行签约你我贷	你我贷与招商银行正式签署战略合作协议,首单银行在互联网金融平台的资金托管业务正式破冰,给整个互联网金融行业带来了巨大的好处
2015 年 6 月 18 日	社保基金入资蚂蚁金服	社保基金投资蚂蚁金服是养老基金进入互联网金融市场的第一单
2015 年 12 月 3 日	e 租宝被查	e 租宝因涉嫌非法集资被查,涉案资产被冻结,震动了整个互联网金融行业,称为 2015 年影响力度最大的一次理财危机
2015 年 12 月 22 日	财路通联姻国寿	财路通与中国人寿财险的合作,是互联网金融平台接入保险保障体系的行业标杆
2015 年 12 月 28 日	宜人贷赴美上市	宜人贷是宜信旗下 P2P 网贷平台,宜信成立于 2006 年,是我国最早的 P2P 网络贷款公司之一。宜人贷在纽约交易所上市,成为中国互联网金融海外上市的第一股

二、我国互联网金融监管的法律法规

从我国互联网监管发展历程来看,日新月异的互联网金融具有极强的创新能力,使得其产品、经营模式和从业机构层出不穷,监管机构的立法无法迅速囊括所有的互联网金融产品,导致统一、完善的监管体系建设相对比较落后,监管机构无法在其发展之前预测到可能存在的风险。自从互联网金融"诞生"以来,国家银监会、中国人民银行、证监会等一些职能部门逐步建立完善监管的相关法律法规,详见表5-2。

表 5-2　近年来我国金融监管部门关于互联网金融监管的法律法规

监管主体	发布时间	名　　称	主要内容
中国人民银行	2010 年 6 月	《非金融机构支付服务管理办法》	对第三方支付服务的行为、风险、权益等作出规定
中国人民银行	2010 年 6 月	《支付机构预付卡业务管理办法》《支付机构客户备付金存管办法》《银行卡收单业务管理办法》《支付机构互联网支付业务管理办法》《关于手机支付业务发展的指导意见》	对第三方支付、手机支付的规则与主体行为、权益的规范
中国人民银行	2015 年 7 月	《关于促进互联网金融健康发展的指导意见》(联合十部委发布)	互联网金融监管的基本法规,规定了互联网金融产业的基本监管职责,明确了业务边界
银监会	2006 年 1 月	《电子银行业务管理办法》	对电子银行的风险管理、法律责任、手续等做了规定,是网络银行的重要监管法规
银监会	2011 年 8 月	《关于人人贷有关风险的通知》	对 P2P 行业中人人贷的风险作出警示
保监会	2011 年 4 月	《互联网保险业务监管规定(征求意见稿)》	对互联网保险监管的完善
保监会	2011 年 9 月	《保险代理、经纪公司互联网保险业务监管办法(试行)》	保险代理、经纪公司互联网保险业务的重要监管法规
保监会	2012 年 5 月	《关于提示互联网保险业务风险的公告》	对互联网保险业风险作出了预警
保监会	2014 年 4 月	《关于规范人身保险公司经营互联网保险有关问题的通知(征求意见稿)》	对保险产品网销的信息披露制度作出了明确的规定
证监会	2013 年 9 月	《对淘宝网上部分公司涉嫌擅自发行股票行为的通报》	依据《国务院办公厅关于严厉打击非法发行股票和非法经营证券业务有关问题的通知》对淘宝网上部分公司涉嫌擅自发行股票的行为进行通报并叫停
国家税务总局	2008 年 9 月	《关于个人通过网络买卖虚拟货币取得收入征收个人所得税问题的批复》	对虚拟货币的税务处理作出了明确规定

续表

监管主体	发布时间	名　　　称	主要内容
商务部、文化部	2009年6月	《关于加强网络游戏虚拟货币管理工作的通知》	对网络游戏虚拟货币的市场准入、发行主体、交易服务管理提出更强的要求
文化部	2009年7月	《"网络游戏虚拟货币发行企业""网络游戏虚拟货币交易企业"申报指南》	对经营性互联网文化单位的业务申报和审批提供操作性的指导
最高人民法院	2011年1月	《最高人民法院关于审理非法集资刑事案件具体应用法律若干问题的解释》	对众筹融资模式中的非法集资行为作出了规定
有代表性的地方法规	2015年1月	《浙江省促进互联网金融持续健康发展暂行办法》	针对浙江省内互联网金融融资和销售平台进行专门的阐述

众所周知,传统金融的监管方面有众多法律规章确保传统金融的稳定、安全运行,对金融运行过程中的非法行为、违规操作、惩罚措施以及预防等都作出了明确规定。但如果不考虑互联网金融的虚拟性、网络性等一系列特征,直接将传统监管法规、监管手段和监管模式应用于新兴的互联网金融业态则是完全行不通的。相比于传统金融,互联网金融的类型、经营方式不断创新,其范围、环境等也不断延伸变化,监管对象、主体等要素远超出传统监管体制的范畴,互联网金融在行业的交叉、跨界融合等方面比传统金融更为复杂,对它的监管需要全新的监管理念,需要监管主体和监管技术的有力支撑,以提高监管效率和消除监管的真空地带。

三、我国互联网金融的典型业态及发展现状

虽然我国对互联网金融的定义尚未完全明确,但是对互联网金融的业态分类有比较统一的认识,大部分专家学者认为互联网金融典型

业态主要包括互联网支付、P2P 网络贷款、基于大数据的网络小额贷款、众筹融资和互联网理财等。下面逐一介绍最常见的五种典型业态的发展现状。

（一）互联网支付

互联网支付是指客户通过手机、计算机等通信设备客户端,以互联网为依托发起支付指令,实现资金转移的过程,其实质是付款人和收款人以支付机构作为中介实现资金划转的服务。互联网支付主要有三种类型:一是第三方支付机构不参与资金转移,付款人通过支付平台客户端连接到银行网银,直接将银行账户资金划转给收款人。二是付款人将银行账户内的资金划转到在线支付平台开立的支付账户中,向支付机构发出支付指令将资金划转给付款人。三是快捷支付模式,付款人在支付平台开设账户,客户、支付平台和银行签订三方协议,经付款人同意,将支付账户和银行账户绑定在一起,付款人可以通过支付账户来管理银行账户中的资金,直接在支付账户上发出支付指令,将银行账户内的资金划转给收款人。

阿里金融是我国互联网金融的领军企业,金融业务涵盖了第三方支付、网络信贷、众筹、保险等领域,在第三方支付市场上更是一直独占鳌头。阿里金融最早介入互联网金融领域就是 2004 年成立了第三方支付平台——支付宝,支付宝在成立以来就独揽了较大规模的第三方支付市场份额。据 iResearch 统计的 2015 年数据显示,第三方支付中支付宝的市场份额是 47.5%,稳居老大,位居第二位的财付通所占市场份额为 20%,不到支付宝的一半。阿里巴巴在支付宝成立以后,又相继在 2010 年推出阿里小贷,2013 年推出余额宝,2014 年推出娱乐宝,2016 年阿里巴巴开始转战农村金融市场,计划到 2019 年年底共投资 16 亿美元建立 10 万个农村淘宝中心。阿里巴巴的互联网金融攻略看似随意的"散兵游勇",但实质上却是有计划、有章法、有战略目标的运筹帷幄。

据 iResearch 统计显示,我国第三方互联网支付的交易规模截至 2015 年年底,已经达到 118674.5 亿元,比 2014 年增长了 46.9%。尽管同比增速有所下降,但随着互联网支付业务的不断增长,我国第三方互联网支付的交易规模预计在 2019 年将达到 27 万亿。同时,艾瑞咨询数据显示,2014 年第三季度到 2015 年三季度我国第三方互联网支付业务交易规模从 20154.3 亿上升至 30747.9 亿,同比上升 52.56%。

(二)P2P 网络贷款

P2P 是 peer to peer 的缩写,是指有资金且有借出意愿的人和有借入意愿的人通过 P2P 网络平台进行直接借贷的过程,资金借出方可以在此过程中获取比将资金放在银行更高的利息收益,但要承担相应的资金难以收回的风险,资金借入方需按时支付利息并到期偿还本金,P2P 网络平台从中收取中介服务费。目前,我国典型的 P2P 网络贷款平台有人人贷、红岭创投和拍拍贷等。具体交易过程是借款方把需要融资的项目和借款方案发送给网络贷款公司,网络贷款公司基于互联网大数据对借款方项目的可行性、信用资质和资金实力进行分析评估,得出具体的资格审查报告,并将借款信息和资格审查报告一并发布在门户网站上,而平台上有投资需求的人通过考虑各种现实情况和项目风险,自主地决定是否借款给借款人。

P2P 网络贷款有助于解决我国中小企业融资问题,弥补了我国金融机构在中小型企业融资问题上的短板,大幅降低了信息不对称和金融交易成本,使资金需求方获得比民间借贷更便利、成本更低的信用融资渠道,投资人获得比银行存款更高的收益回报。并且随着 P2P 网贷模式逐渐发展成熟,以及法律法规和监管体系逐渐健全,互联网金融将会产生明确的市场标准,抗风险能力将由弱到强,市场秩序逐步好转,P2P 网络贷款行业将会逐渐趋于规范化。

根据易观智库发布的《中国 P2P 网络借贷市场趋势预测报告(2016—2018)》数据显示,截至 2015 年年底,我国 P2P 网络借贷市场交易规模达到 8686.2 亿元,较 2014 年增长 331.6%,而受监管细则出台影响以及各级监管机构对于 P2P 网络借贷平台准入的限制,预计未来几年我国 P2P 网络借贷市场交易规模增速趋于放缓。网贷之家统计数据显示,从 2012 年到 2015 年,P2P 网络贷款平台数从 200 家上升至 3858 家,详情见表 5-3。

表 5-3　2012—2015 我国 P2P 网络贷款综合统计数据

时　间	成交量 （亿）	累计运营 平台数（家）	综合利率 （%）	当期投资人数 （万人）	当期借款人数 （万人）
2012	212	200	19.13	5.1	1.9
2013	1058	800	23.05	25	15
2014Q1	363.37	1023	20.78	55.49	10.82
2014Q2	483.23	1184	19.41	85.75	20.44
2014Q3	729.2	1430	17.46	154.74	31.17
2014Q4	952.37	1575	16.26	246.07	46.1
2015Q1	1185.56	2278	15.02	265.24	53.45
2015Q2	1820.64	2814	14.17	394.15	83.57
2015Q3	2951.64	3448	12.63	624	155.98
2015Q4	3865.21	3858	12.45	845.98	208.52

资料来源:根据网贷之家发布数据整理所得。

（三）基于大数据的网络小额贷款

基于大数据的网络小额贷款是指互联网企业通过旗下电子商务平台客户的财务状况、行为特征、行业环境、信用记录对客户的还款能力和还款意愿进行评估,确定贷款的利率和期限。由其控股的小额贷款公司为电商平台客户提供小额信用贷款的过程,例如阿里巴巴所属的网络贷款公司阿里小贷经营的业务就是向淘宝商家提供小额贷款来获取利息收益。同时也帮助商家解决了资金短期周转的问题。蚂蚁金融COO杨光在第五届中国小额信贷机构联席会年会上提到,阿里旗下蚂蚁小贷服务超过了 140 万用户,贷款余额接近 4000 亿元,借款的平均期限是 127 天,坏账率只有 1% 多一点。京东旗下的网络小贷在 2015 年完成金融大布局,主要推出供应链金融、消费金融、众筹、财富管理、支付、保险和证券七大业务板块,陆续推出京保贝、京农贷,以及专项服务电商企业融资的"云仓金融"等新模式。截至 2015 年年底,"云仓金融"为电商企业提供的授信已经从 200 万元提高到了 1000 万元。还有腾讯的财富通小贷,成立于 2013 年 10 月,其实质上属于供应链贷款平台,其主要服务目标是满足自身支付的需求。其次是用户的投融资服务,最后才是供应链金融,与蚂蚁小贷和京东小贷的模式有一定区别。

(四)众筹融资

众筹融资是一种新型的网络股权融资模式,小企业、艺术家或创业个人等可以通过众筹融资平台集中众人的资金为其从事的某项活动提供必要的资金支持,并且反馈给投资人一定收益的融资模式。具体过程是具有创造能力但缺乏项目启动资金的人将项目信息发布在众筹平台上,获得众筹平台会员的关注,对该项目有投资意向的人通过团购或是预购的方式购买该产品,为项目的发起提供资金支持,同时可以获得相应回报的过程。实践层面:阿里巴巴继支付宝、余额宝之后推出的娱乐宝其实质就是众筹融资。根据回报方式不同可以分为两类:一类是以投资对象的股权或利润作为回报的,例如天使汇;一类是以投资对象的产品或服务作为回报的,例如点名时间。

据《2015 年全国众筹行业年报》显示,我国众筹融资 2015 年迎来快速发展时期,平台数量有了大幅度增加,行业规模和竞争格局发生了深刻变化。传统金融机构、高科技企业、电子商务公司等纷纷参与这一领域,参与者更加多元化的态势明显。截至 2015 年 12 月 31 日累计筹资规模近 140 亿元,全年的众筹资金高达就达 114.24 亿元,同比 2014 年增长 429.38%,累计众筹平台 283 家,同比 2014 年增长 99.30%,项目种类仍以智能硬件等综合类为主,音乐、影视、农业、公益和房产等垂直类也有显著增长。

(五)互联网理财

互联网理财是投资者通过互联网平台购买理财产品以实现资金增值的行为。基于网络平台的不同,可以将互联网理财分为两类,一类是通过自有平台销售理财产品,实质是将传统理财业务从线下搬到了线上,理财公司在自建的网络平台上为投资人提供理财服务,例如银行在其门户网站上销售理财产品。另一类是通过非自有网络平台销售理财产品,实质是理财公司借助第三方互联网机构平台开展的理财产品销售行为。例如阿里巴巴联合天弘基金推出的余额宝就是天弘基金放在支付宝平台上进行基金销售的产品,用户在支付宝平台上可以直接购买余额宝进行理财,将资金放入余额宝,不仅能够实现资金增值,还能随时转入和转出,购买商品时进行支付,像使用支付宝一样方便。余额宝的收益计算规则是在工作日的下午三点之前转入资金的,余额宝是在第二个工作日起,开始计算收益,下午三点之后转入资金的,将在第三个工作日开始计算收益,计算公式是:(已确认份额的资金÷10000)×基金公司公布的每万份收益,余额宝 2014 年 1 月—2015 年 12 月每月 1 日的万份收益和七日年化收益率如图 5-1 所示。

中国互联网络信息中心(CNNIC)在 2015 年 2 月发布的第 35 次《中国互联网络发展状况统计报告》中指出,我国互联网理财产品的用

（单位：%）

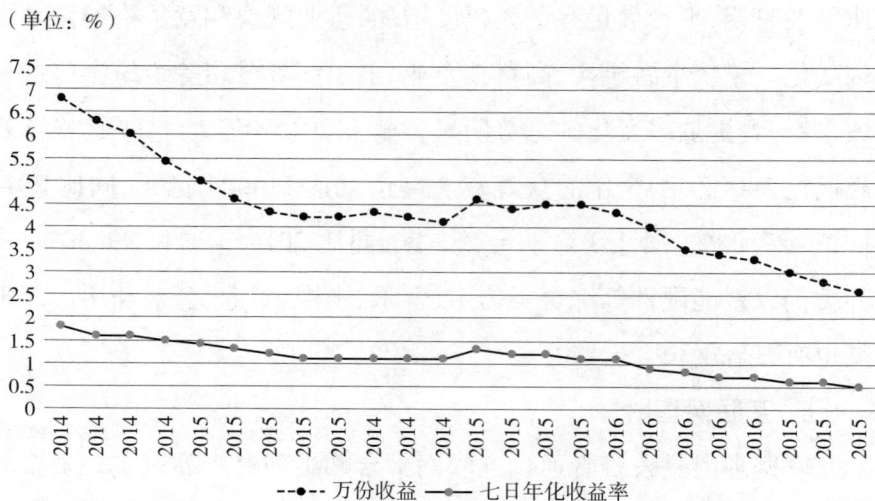

图 5-1   2014 年 1 月—2015 年 12 月每月 1 日的万份收益和七日年化收益率

资料来源：余额宝官方网站整理取得。

户规模在 2014 年 12 月已经达到了 7849 万。与第 34 次统计相比，环比增长了 22.97%，使用率达到 12.1%，比第 34 次统计增长了 2%。由此可见，互联网理财产品的用户规模增长速度有所放缓。在 2015 年上半年，持续宽松的货币政策和股市暴涨一直影响着互联网理财的发展，使互联网理财的用户规模进入平台期。中国互联网络信息中心（CNN-IC）在 2015 年 7 月发布的第 36 次《中国互联网络发展状况统计报告》中指出，我国互联网理财产品的用户规模截至 2015 年 6 月仍然为 7849 万，与 2014 年 12 月持平，使用率为 11.8%，较 2014 年 12 月下降了 0.3%。从互联网理财的发展趋势上分析，互联网理财产品正在逐渐由货币基金打天下向以货币基金为主，向债券型、指数型基金产品快速成长的多元化新格局转变，并有望带动互联网理财市场的新一轮增长。2014 年 6 月至 2015 年 6 月互联网理财用户规模及使用率的变化情况详见图 5-2。

（单位：万）

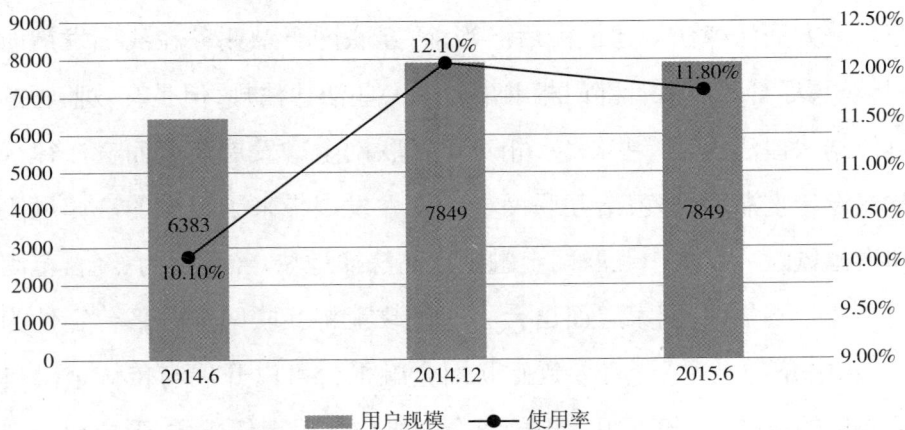

图 5-2　2014 年 6 月—2015 年 6 月互联网理财用户规模及使用率的变化情况

资料来源：根据中国互联网络信息中心（CNNIC）第 35、36、37 次《中国互联网络发展状况统计报告》整理取得。

第二节　当前互联网金融监管面临的主要问题和矛盾

任何新兴事物的发展初期必定会存在诸多不足，甚至是弊端，作为金融创新的互联网金融也绝无例外。当前互联网金融监管主要面临着以下四个方面的问题和矛盾。

一、法律法规和监管体系不健全

互联网金融作为一种新兴的商业模式，在发展初期存在问题是必然的。既要求鼓励行业创新、不断试错，还要控制风险、规范发展，推进行业进步，这就客观上给互联网金融领域的法律法规建设和监管提出了新的挑战。正如 2016 年政府工作报告指出，当前监管空白、监管割裂与市场波动期间协调陷于被动和严重滞后等问题,在现行体制中并存。一方面法律法规建设滞后。当前,互联网金融业务在我国发展时间较短,尽管政府监管部门相继出台了一些法律法规,但是有效监管的可依据法律法规还有些缺位,相对于互联网金融发展速度而言法律规章建设严重滞后,这就给互联网金融良性发展带来了很大的法律风险和道德风险。发展中互联网金融平台的法律地位、经营行为、经营范围仍存在一些争议,国家层面出台了一些政策将互联网金融平台定性为"信息中介""技术平台"导致互联网金融平台可以开展与传统金融机构同样的业务,但却不用承担传统金融机构信用责任成本,形成政策套利空间,也埋下风险隐患。以"野蛮生长"的 P2P 网络贷款为例,2016年全国共有 1297 家平台发生问题,同比 2015 年上升 30.52%,问题平台增幅超过新增平台数量。涉及近千亿违法资金,超过 100 万投资人中雷。其中广东地区发生问题的平台最多,问题平台为 251 家,占全国所有问题平台的 15.64%。另一方面是监管体系不完善不兼容。目前,我国金融监管体系以"分业监管"和"机构监管"为主决定了业态丰富、机构众多的互联网金融难以纳入现有的监管体系之中,宏观层面的风险防范和化解机制难以有效建立,在监管主体和监管规则缺位的前提下,各种具有"草根"性质的创新带来的信用缺失和隐性风险,严重影响了金融市场秩序和社会稳定。互联网金融快速发展的驱动力是互联网、移动互联网技术的革新和深度融合,行业的良性发展需要整合平台参与各方利益均衡整合。面对瞬息万变的互联网金融市场,由于监管理念、监管方式、监管技术和监管机制严重滞后,使得各种信用风险不断地暴露。而监管空白,以"伪互联网金融"最为突出,即一些不法分子假借"互联网金融"之名,从事非法集资、非法发行证券等违法犯罪活动。如在参与者合法权益保护层面,现行法律法规对出借人和借款人都提出了一定程度的保护,但目前尚未形成高效便捷、适用于互联网金融领域的多元化解决机制。在现有的 P2P 网贷平台中,投资人投入的资金基本都集中在运营商手中,由于缺乏有效的监管,对资金的流向无法掌握,使得资金发生风险的概率非常大。据网贷之家统计数据显示,2015 年 P2P 平台数量达到 3858 家,问题平台就有 1263 家,2015年相较 2014 年问题平台增长率更高。图 5-3 所示的是 2014—2015 年 P2P 累计平台数与累计问题平台数量。

（单位：家）

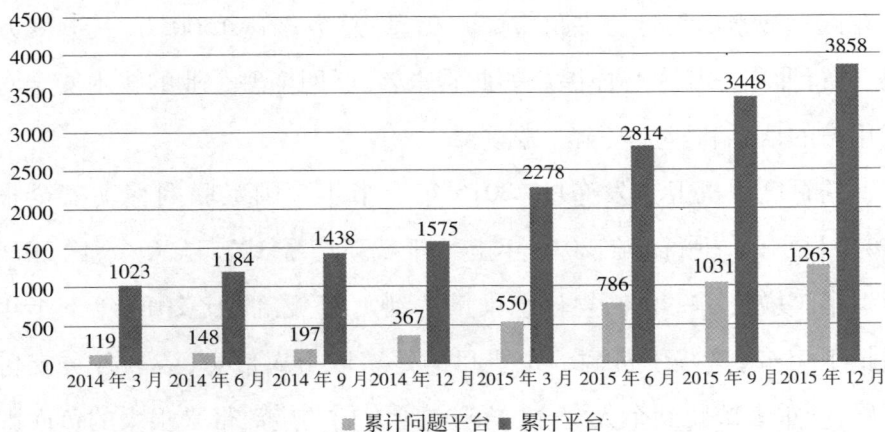

图 5-3　2014—2015 年 P2P 累计平台数与累计问题平台数
资料来源:根据网贷之家发布数据整理所得。

二、金融技术风险突出

整体上看,我国互联网金融的技术风险比较突出,根据风险来源可分为三种类型:计算机网络技术风险、技术支持风险和技术选择风险。

(一)计算机网络技术风险

互联网金融业务的交易是完全依托计算机网络开展的,计算机网络技术是否安全与互联网金融能否有序运行有非常密切的关系。毋庸置疑,数据传输故障、黑客攻击、计算机病毒的发生等都会使互联网金融系统陷入瘫痪状态。因此,计算机网络技术就成为互联网金融最重要的技术风险。例如黑客攻击就是计算机网络技术风险中的一种,互联网是一个开放的网络系统,互联网金融交易是基于互联网系统来传递交易信息的,如果互联网金融系统的密钥管理和加密技术不完善,黑客就可能在客户端将数据传输到服务器的过程中攻击或篡改数据信息,给互联网金融安全运营和健康发展带来危害。2013 年 12 月,第三方支付的龙头企业——支付宝就发生了一次重大的信息安全问题,能够在网上搜索出大量的支付宝账户信息,总数多达 1500 万—2000 万条,使行业内一片人心惶惶。如此看来,互联网金融企业的技术安全对于用户的信息和资金安全非常重要。

据百度手机卫士发布的《2015 年上半年中国互联网移动安全报告》中显示,手机病毒在 2015 年上半年就新增了 127.31 万个,比 2014 年下半年增长了 240%,累计感染量达到 1.85 亿部,比 2014 年下半年增长了 10%,这些手机病毒主要目的是窃取个人信息,盗取各类支付密码,严重者威胁到个人资金的安全,给人们的生活带来很大的负面影响。除此之外,金融支付类盗版应用更是猖獗泛滥,主要有购物、银行、理财、团购四类盗版应用。

(二)技术支持风险

目前,大部分互联网金融企业都是从事其他行业战略转型进入金融领域的,由于平台的搭建和维护都需要专业的技术支持,而这类企业受到技术或运营成本的限制,往往寻求外部技术支持来解决内部技术问题或者将技术支持外包出去。然而由于外包企业不了解互联网金融企业的业务内容和操作流程,提供的技术支持可能无法满足业务发展要求或者发生业务中断,也可能使技术支持与金融业务严重脱离,使得互联网金融机构的服务质量和资源配置效率难以提高,进而陷入互联网金融技术支持风险的窠臼。

(三)技术选择风险

互联网金融技术系统是开展互联网金融业务的基础,但是企业在选择技术方案时可能选择了设计上存在隐藏缺陷的技术方案,从而引起技术选择风险。如果互联网金融企业选择的技术系统与客户端的兼容性差,可能会使得交易过程中信息传输速度低或者传输中断,延误交易时间。或者如果互联网金融企业选择的方案技术落后,就会导致客户或从事互联网金融业务的企业错失交易机会,增加运营成本,甚至失去生存基础。

三、金融业务风险大

我国互联网金融业务还处于初级阶段,成熟的业务管理系统尚未建立,业务风险发生的概率较大。一是互联网金融的业务风险来源于交易主体的非法操作和信息不对称。一方面企业员工可能在利益的驱使下非法进行业务操作,给用户的资金安全带来危害,导致互联网金融机构信誉受损,金融业务无法有序开展。交易主体在不熟悉金融业务规范和要求的情况下,也可能出现操作失误,引起用户或企业的资金损失。另一方面互联网金融的业务风险来源于交易市场的信息不对称,客户可能利用隐蔽信息作出不利于互联网金融服务提供者的决策,使互联网金融企业在选择客户方面处于不利地位,也可能出现互联网金融企业信息披露不完全,使客户在选择金融服务过程中处于信息劣势。

二是互联网金融的坏账率较高。零壹财经在《2016 中国"互联网+"不良资产处置调查报告》发布的数据显示:2015 年年末,全国 P2P

平台的坏账规模在 425 亿—638 亿元,而同期全国网贷行业贷款余额为 4395 亿元,按此计算,2015 年年末全国网贷行业的坏账率在 9.6%—14.5%。据统计数据显示,2016 年上半年问题平台共有 2461 家,占平台总数的比例高达 53.89%。问题平台中网站关闭和失联跑路的占 57.6%,分别达到 135 家、100 家。歇业停业平台占 22.5%,共 92 家,包括隐性停运和主动停运的平台 26 家。57 家平台由于资金链紧张出现兑付问题,目前仍处于提现困难状态。故此,问题平台和停运平台的数量居高不下,导致互联网金融的整体坏账率较高。

三是互联网金融企业应对风险的能力不足。我国互联网金融尚处于起步阶段,还不能像传统金融机构一样对于风险的识别、衡量和控制有严格的管理体系。由于互联网金融业务具有虚拟性、网络性,所有业务都是在线上操作,融资项目中投机和造假行为极易发生,导致互联网金融企业跑路、诈骗现象频频发生。现有的互联网金融企业中,除了阿里金融立足于风险控制以外,其他的企业本质上还是将产品放在线上进行销售,没有相关的风险控制措施。企业应对风险的能力不足表现为风险控制与企业日常业务的结合不够充分,企业对于风险控制的认识差异,风险控制所需成本的考虑,以及目前能够利用的风险量化手段的不足都会造成风险控制与日常业务的脱节,使得企业对风险的事前、事中和事后控制的能力都受到限制,从而导致互联网金融企业的风险频发。

典型案例如 e 租宝。e 租宝自成立以来,发展迅速,交易规模快速挤入 P2P 行业前列,堪称互联网金融领域的一匹"黑马"。据调研获知,e 租宝从一开始就是一场空手套白狼的庞氏骗局,拆东墙补西墙,用新的投资人的钱向老的投资人支付利息和短期回报,以制造赚钱的假象,骗取更多的投资。据新华社 2015 年 12 月 8 日报道,e 租宝在运营过程中涉嫌违法经营活动,一年半的时间里非法集资 500 多亿,涉案的投资人约 90 万人,遍布全国 31 个省(自治区、直辖市)。

四、相关信用体制机制建设滞后

金融机构在业务运营过程中对资金需求方进行征信调查是为其提供金融服务必不可少的一个重要环节。但是目前我国信用体系建设和运行机制还很不成熟,严重阻碍了互联网金融的发展。一是平台企业信用建设滞后。当前由于信用体系建设滞后,导致很多互联网金融平台背离了商业本质的初衷,借着行业缺乏监管之机野蛮生长,发布虚假标的、自融、构造资金池。最后沦为庞氏骗局,不仅没有实现投资者和融资者之间的双赢,而且还使投资者蒙受较大损失。从国际看,在美国等一些互联网金融发展比较成熟的国家中,借贷双方在平台上注册时的准入门槛很高,需要提供很多材料,用户的违约成本会提高,个人和企业组织的诚信体系建设比较完善,使得违约发生的概率大幅度减少。二是互联网金融的征信体系与中国人民银行征信系统兼容性不够。从信用建设实践看,传统金融机构的征信调查是以中国人民银行征信系统为基础来判断资金需求方的偿还能力,经过多年信用信息的完善和验证,其征信结果有很大的利用价值。但是,互联网金融企业对资金需求方的征信调查在数据来源上与传统金融机构不同,主要是基于大数据、云计算、搜索引擎和社交网络等这些现代互联网技术,通过收集资金需求方在电子商务平台上的交易记录、社交信息及其他网络信息来判断企业组织和个人的信用等级,二者缺乏必要的互联互通。这样的征信调查结果不能反映或不能完全反映资金需求方的真实信用情况。征信结果的偏差可能会导致投资方投入的资金发生风险,这种征信调查方法的有效性、真实性和可靠性还有待实践的检验,需要进一步优化完善。

第三节　互联网金融发展与制度选择

西方重视程序理性,"欧洲之父"让·莫内就曾指出:"没有人,一切皆无可能,但是没有体制,一切不可持续。"这句哲理名言也折射出,作为新兴商业模式的互联网金融依法监管、适度监管、协同监管是必需的、是不可或缺的。互联网金融在资金需求方与资金供给方之间提供了一条有别于传统金融的新渠道,对我国经济增长、融资问题的解决和原有僵化的金融体系转型升级有良好的促进作用。同时也对金融市场的稳定带来一定的积极影响。尽管作为新兴事物的互联网金融在我国不宜过多或过早地进行行政干预,但是也不能任由其"野蛮生长""乱象丛生",对这一新兴事物应该采取适当的监管措施,不仅是对金融创新进行有效保护,也是避免系统风险和业务风险的发生。

一、加快制定相关法律法规,逐渐完善监管体系

政府应加快互联网金融相关立法和制度建设工作,为依法监管建立配套的法律制度体系。具体应包括以下三个方面:一是抓紧完善互联网金融相关法律法规建设,做到依法监管。通过法律法规建设对互联网金融企业的性质、地位、业务范围作出明确规定,加快刑事领域的立法进程,通过司法解释设置的非法经营罪、集资诈骗罪、高利转贷罪、非法吸收公共存款罪严厉打击跑路、集资诈骗等违法行为,提高违法犯罪成本,维护国家金融秩序。也要加快民事领域的相关法律法规建设,重点保护出借人和借款人的合法权益,完善高效便捷、多元化、多渠道

的互联网金融领域的纠纷解决机制。二是完善监管体系,注重行业自律监管。要加快转变监管理念、创新监管方式、注重监管技术水平提升等措施,加快建立健全监管体系。实施层面:注重对现有互联网企业进行全面风险排查,清理现有高风险和不符合标准的企业。推动建立互联网金融行业协会,制定行业规则,建立互联网金融行业准入规则和退出机制,对申请加入互联网金融体系的金融主体进行严格的市场准入管理,对其资本充足率、赢利能力、主营业务、交易系统的安全性、电子信息管理机制等多个方面进行全面审查,确保交易双方的合法权益不受侵害。三是建立互联网金融监管委员会,形成监管合力。应汲取美国监管主体的监管经验,采用双线多头监管:中央层面以央行、银监会、证监会、保监会为主;地方层面以地方政府部门、财政、司法等机构和中央监管机构在地方的分支为主。多个相关部门对该行业中的企业进行合力监管,明确每个部门的监管责任,同时加强部门间的合作,达到部门间责任明确,信息流通顺利的高效率监管体系。构建互联网金融信息交流平台,该行业中的企业定期向监管平台提交规定的数据信息,形成风险监测报告,监管部门对存在风险或有潜在风险的企业进行风险排查,完善风险防御机制建设。发现风险及时处理,逐渐完善互联网金融监管体系,提高监管效率,营造权责分明、法理明确的行业氛围。

二、完善业务管理体系,提升业务风险的防御能力

我国互联网金融发展还处于初级阶段,业务操作体系尚未成熟,在其发展过程中可能会出现各种各样的突发问题,如道德问题、违规办理和操作失误等。这些问题的发生均与业务管理体系有关,建立和完善互联网金融业务管理体系应把握以下三个方面:一是完善互联网金融

企业内部管理制度和业务操作规范。要明确企业业务操作规范,对员工进行定期的业务培训,避免由于员工不熟悉公司业务而导致操作失误,引起不必要的资金损失,以及支付结算中断等问题的发生。同时注重员工道德修养,对道德行为进行鼓励表扬,不道德行为进行批评教育,提高员工的道德水平,防止员工泄露客户信息和非法操作等不道德行为发生,保证客户资金和信息的安全,与客户建立长期的友好合作关系,树立良好的企业信誉。二是推动建立社会信用体系。加快国内信用体系建设,加紧构建央行背景的征信机构和民间征信机构的互联网金融征信的合作平台,与央行现有征信系统构成互补。一方面以中国人民银行系统中个体和企业的征信为基础,对个体和企业的信用信息进行全面收集,对其建立客观的信用评价体系,避免因信息不对称,使得互联网金融业务提供者作出不利于自身的选择。另一方面对该行业内的企业建立信用评价体系,要求其业务操作程序规范,定期披露信息,完善信用数据库建设。通过有效的信用治理降低业务的不确定性和风险性,规避因用户与企业的业务规范信息不对称而作出的"道德风险"和"逆向选择"。三是注重适度宽松、谨慎监管。基于互联网金融的特殊性和不同经营模式,要选择区别于传统金融机构的监管主体、监管方式和监管制度,防范复杂、低效率、抑制创新的监管,要在维护互联网金融市场活力与做好风险控制之间实现平衡。国际上,可借鉴美国对于网络银行的监管经验,将政府监管与自律监管深度结合,纳入现有的监管范围,强化不同监管机构之间的协调合作,缩短新产品上市与有效监管的周期,使新产生的业务和产品尽可能处于监管的范围内。同时,监管方式是宽松审慎的,既要新业态新模式,也要把各种风险控制在最低。

三、构建互联网金融安全体系,减少技术风险

互联网金融是基于大数据、云计算、移动互联网、社交网络等先进互联网技术发展起来的,计算机系统硬件和软件产生的风险都会形成互联网金融的技术风险,因此构建互联网金融安全体系变得尤为重要。一是加强互联网金融业务交易的信息基础设施建设。计算机硬件和软件的稳定和安全是互联网金融业务开展的基础。在硬件方面,提高互联网基础设施的投入,增强系统的防护能力,保证互联网金融运行环境稳定。运行软件方面,加大门户网站的防护,运用身份验证、分级授权等登录方式实现网站的安全访问,防止非法登录、系统漏洞、违规操作、黑客攻击等给平台带来的安全隐患。二是加强信息技术的开发力度。加大力度开发先进互联网信息技术,例如互联网加密、密钥管理、数字认证等技术,利用先进的互联网信息技术为互联网金融交易提供基础安全保障,提高互联网金融交易系统的风险抵御能力。加强与技术支持提供方的合作交流,使技术支持方提供更加适合企业发展需求的支持方案。三是借鉴美国防范技术风险的经验。从技术层面上看,在监管政策、内容、机构分工以监管原则及体制上作出修改,更加突出对交易安全、信息保护与披露、业务的范围等有效监管。参考美国具体的法律法规包括:货币监理署(OCC)1998年2月发布的《技术风险管理:个人电脑银行业务》《电子银行业务:安全与稳健审查程序》,其他法律还包括《计算机安全法》《数字隐私法》《外包技术服务风险管理》等,为网络银行的技术风险监管提供指导。

四、建立动态监管机制,切实保护消费者合法权益

互联网金融是不断创新发展的新兴行业,固定的监管框架并不能

保证互联网金融的可持续发展,实施动态监管是保证其稳健发展的必要条件。一是逐步建立全面的动态监管机制。动态监管应从监管的责任分配出发,以补充规定的形式定期更新各监管主体的责任分工,将新产生的互联网金融业务置于监管框架之下,保证监管内容的完整性和有效性。监管机构要实时研究互联网金融的动态和发展,发现和识别其中的问题和风险,做好风险防范和预警机制,比如定期对互联网金融平台和机构做信用评估并公布。为保证信息和数据的真实可靠,应利用互联网技术对互联网金融机构的交易过程和交易资金的流向、用途进行监控,保证其安全合法。要加强监管机构的国际合作,吸取国外在互联网金融监管上的技术经验,增强互联网金融问题防范意识。二是健全互联网金融内外控制制度和监管主体的协调机制。多年以来,尽管我国现有金融监管中对传统金融机构的准入、退出、业务范围、内控机制等都有相关的规定,但互联网金融与传统金融之间的差别很大,监管机构应根据互联网金融不同的经营模式与典型特征,制定相应的准入和退出制度。对于互联网金融机构的业务范围,可以借鉴美国对众筹融资的法律监管,即《JOBS 法案》的做法。以《互联网金融禁止业务条例》的形式将各类机构和平台不能进行、禁止涉猎的业务作出明确的法律规定。三是完善互联网金融信息披露、征信与风险提示制度,加强金融消费者权益保护。监管机构有义务对互联网金融机构和平台进行实时监督,不定期审查,包括业务开展和交易过程,对互联网金融机构和平台作出强制的信息披露和风险提示要求。在风险提示方面可以借鉴美国的做法,对互联网金融机构平台的风险提示划分等级,监督核实其风险提示的真实性和程度,对未按规定作出提示的给予警示、惩罚并公告。同时,可以借助于权威信用评估机构,定期公布信用评级报告,实时监督互联网金融机构的信用状况。对互联网金融从业人员进行工作绩效、行为和信用评价,这方面可以借鉴美国的《诚实借贷法》(Truth in Lending Bill),要求信贷业务提供者公开信息,使消费者能够比较不同平台和机构发放的相似信贷条款,从中找出适合消费者需要的信贷资源,防止出现"不合理信用交易"。

第六章　新经济——电子商务

随着我国物联网、云计算和移动互联网等新一代信息技术的跨越式发展和普及应用,互联网用户呈现出"指数级"爆炸式增长,为中国电子商务的快速发展奠定了坚实的基础。在过去的 10 年里,中国电子商务经历了高速增长的阶段,电子商务不仅创造了新的消费需求,并且正在加速与制造业融合,推动服务业转型升级,催生新的业态,成为经济发展新的原动力,表现出强大的后发优势和经济潜力,为未来的税源规模积蓄了新动能。当前正以一种新型的商业模式加速与我国实体经济中的生产和流通深度融合,成为引领国民经济和社会发展不可或缺的新生力量。据国际著名研究机构麦肯锡的研究报告显示,约 61% 的线上消费取代了线下零售,剩余的 39% 则是如果没有网络零售就不会产生的新增消费。

第一节　当前我国电子商务的发展现状

2015 年 3 月,"互联网+"的概念首次写入政府工作报告。国务院明确提出,"制定和实施'互联网+'行动计划,推动移动互联网、云计算、大数据、物联网等与现代制造业结合,促进电子商务、工业互联网和互联网金融健康发展,引导互联网企业拓展国际市场"。其中,电子商务是指将互联网运用到商贸物流领域的商业模式,符合现代人们的生活消费需要,有益于国民经济的健康发展,得到了政策积极鼓励。2015年5月,国务院印发《关于大力发展电子商务加快培育经济新动力的意见》,提出到2020年实现电子商务与其他产业深度融合的愿景。2015年7月4日,国务院颁布《关于积极推进"互联网+"行动的指导意见》,将"互联网+电子商务"列为重点行动之一。整体看来,互联网不仅改变了流通产业竞争格局,而且还倒逼制造业转型升级。一方面通过电子商务消费数据更快速地传导共享,将下游的市场需求与上游批发分销、生产制造紧密结合在一起,实现产消协同发展。另一方面,电子商务的多样化、小批量、快速反应的市场需求,在倒逼制造业柔性化生产,而这正是工业4.0的发展方向。

一、我国电子商务整体发展态势

整体上来看,我国电子商务市场的上升态势非常迅猛,对经济贡献日益显著。根据中国电子商务研究中心的统计数据,从交易规模来看,自2009年以来我国电子商务整体保持快速发展的势头,每年以GDP增速的2—3倍的速率增长。2012年年底,我国电子商务市场交易规模达7.85万亿元,同比增长30.8%。2013年年底,我国电子商务交易额已突破10万亿元大关,达到10.2万亿元,同比增长29.9%,电子商务已经进入了大规模发展的新阶段。从对经济的贡献来看,2009年以来我国电子商务对经济贡献作用日益凸显,其交易额占GDP的比重呈现逐年增长的态势,从2009年的10.9%增长为2013年的29.9%,增长近1.7倍。据最新数据显示,2016年中国电子商务市场交易规模为

20.2万亿元,同比增长23.6%。其中,B2B模式电子商务占比最高,其次是网络购物、在线旅游和本地生活服务O2O。由此可见,电子商务已成为引领我国经济发展的中坚力量。

值得关注的是,2016年年初,阿里巴巴零售平台的交易额突破3万亿元,可以比肩世界零售巨头沃尔玛,成为全球新经济发展这一大势下的大事。尤其是在2016年的"双11网购节"中,全网销售额达到1770.4亿元,天猫创下1207亿元的营业额,京东交易额估计150亿元左右,全网制造包裹数达到10.7亿个。以上数据显示,电子商务迅猛发展推动中国在全球新经济发展中迈上了一个全新的台阶。

整体上来看,跨境电商新政实施之前,我国的跨境电子商务呈现蓬勃发展的态势。新政实施后跨境电商的交易规模受到一定影响,但是发展相对以前较为规范,可以说是喜忧参半。一方面跨境电子商务成为拓展网络经济新空间。中国电子商务正在走向世界,实现了"全球买、全球卖"。2015年全年中国跨境电商(包括批发和零售)交易规模4.8万亿元,同比增长28%。2016年上半年,中国跨境电子商务交易规模达2.6万亿元,同比增长30%。另一方面,政策摇摆不定和监管不力给跨境电商带来一些消极影响。从2016年4月8日跨境电商新政(即跨境电商零售进口商品不按"物品"征收行邮税,而是按"货物"征收关税、增值税、消费税等,行邮税也同步调整)实施一年来,行业分化比较明显,利润削减幅度较大。毋庸置疑,政策摇摆不定、监管不力等因素影响了跨境电商产业的良性发展。从新政推出,到后来实行两个月暂缓实施,再到2017年3月商务部发言人作出了明确表示,过渡期后将对跨境电商零售进口商品,按照个人物品的方式进行监管。短短一年时间针对跨境电商的发展,监管政策频繁更替,着实影响了电商企业的稳定发展预期。

二、电子商务规模与市场份额

从电子商务模式来看,企业之间电子商务交易规模较大,B2B市场仍是我国电子商务的主力军。2013年市场交易额已突破8万亿元大关,达8.2万亿元,占总体电子商务市场规模的80.4%。近年来,随着物联网、宽带、无线网络等新一代信息技术的普及应用,电子商务的价格优势和便利性凸显,以消费为特点的生活服务业交易很大比重从传统商务向现代电子商务转移,网购规模发展迅猛,对零售市场的贡献日益显著。据最新数据显示,2016年中国电子商务市场交易规模为20.2万亿元,同比增长23.6%。其中,B2B电子商务占比最高,其次是网络购物、在线旅游和本地生活服务O2O。电子商务不同模式简介与案例见表6-1。

表6-1 电子商务不同模式简介与案例

模式	简　　　介	典型案例
B2B	Business to Business,以企业为主体,在企业之间进行的电子商务活动	阿里巴巴、慧聪
B2C	Business to Customer,企业通过网络销售产品或服务给消费者,将产品或服务在网络平台上铺设,并提供重组的产品资讯与便利的接口吸引消费者选购	京东商城、亚马逊
C2C	Customer to Customer,为买卖双方提供一个在线交易平台,使卖方可以主动提供商品上网拍卖,买方可以自行选择商品进行竞价	淘宝网
O2O	Oline to Offline,通过互联网将线上渠道与线下渠道结合在一起,让互联网成为线下交易的前台	饿了么、携程

从市场份额看,网络零售市场日益集中,优胜劣汰趋势明显,呈现一种新型寡头垄断局面。中国电子商务研究中心监测数据显示,2016年中国网络零售市场交易规模占到社会消费品零售总额的14.9%,较

2015 年的 12.7%,增幅提高了 2.2%。2016 年中国 B2C 网络零售市场（包括开放平台式与自营销售式,不含品牌电商）,天猫依然稳居首位,在移动购物市场中的份额占比为 57.7%;京东移动端市场份额增长较多,凭 25.4% 紧随其后;唯品会的市场份额从 2015 年的 3.2% 上升至 3.7%;排名第 4 位到 10 位的电商分别为:苏宁易购(3.3%)、国美在线（1.8%）、当当(1.4%)、亚马逊中国(1.3%)、1 号店(1.2%)、聚美优品（0.7%）、拼多多(0.2%);其他（3.3%）。

第二节　中国电子商务监管的历史沿革

自从"电子商务"这个概念出现以来,其对经济的发展、政府管理的方式变革都产生了巨大影响。从发展实践看,商务的电子化、网络化重新定义了人们实现交易的方式,建构了个体即时连接的社会结构,从而使经济运营方式由过去以生产驱动为中心转变为以消费驱动为中心,不断创造出新的产业、新的业态,推动经济资源配置效率产生质的飞跃。但与此同时,由于电子商务具有虚拟化、全球化、开放化、网络化等复杂特征,对政府的监管理念、监管体制和监管方式提出了革命性的挑战。

一、中国政府电子商务监管法律法规和部门规章

我国电子商务发展起步较晚,对电子商务监管也在很长一段时间内处于空白状态,电子商务的发展主要依靠市场自行进行调节和规范。直到 2004 年第一部也是唯一一部针对电子商务的单行法律《中华人民共和国电子签名法》的出台,政府监管的触角才正式伸展到电子商务

这个新的领域,这也预示着政府逐步加强对电子商务发展的管控。数年来,随着我国电子商务的飞速发展,以及与国际电子商务法律法规接轨的需要,国家相继修改、出台了一系列的法律法规,以改善传统法律制度无法适应电子商务特征的被动局面。

(一)法律和法规

目前,我国政府针对电子商务领域在法律层面主要出台了《全国人民代表大会常务委员会关于维护互联网安全的决定》(2000 年)、《中华人民共和国电子签名法》(2004 年)、《全国人民代表大会常务委员会关于加强网络信息保护的决定》(2012 年),修订了《中华人民共和国消费者权益保护法》(2013 年修正)。这是《中华人民共和国消费者权益保护法》实施以来的第一次全面修改,增加了大量网络交易方面的规范。如网购七日内无理由退货、网络交易平台需对消费者通过平台购物权益受损负责等规定。同时,《电子商务法》立法大纲已起草完成,未来将成为电子商务领域真正的单行法。行政法规层面:国务院为了指导和规范电子商务领域,相继出台了《互联网信息服务管理办法》(2000 年)、《国务院办公厅关于加快电子商务发展的若干意见》(2005 年)、《国务院关于促进信息消费扩大内需的若干意见》(2013 年)、《信息网络传播权保护条例》(2013 年)。其中《信息网络传播权保护条例》对侵犯网络传播权的惩罚力度大大加强。2016 年 12 月 19日,第十二届全国人大常委会第二十五次会议召开,首次审议《中华人民共和国电子商务法(草案)》。电子商务法有望在 2017 年出台,以促进发展、规范秩序、维护权益为指导思想,同时对平台责任、消费者权益保护等重要问题作出了明确规定。总的看来,上述行政法规在一定程度上规范了我国电子商务市场发展秩序,保护了电子商务法律关系主体的权利,对电子商务的可持续发展起到了重要的保障作用。但是,从现今平台企业、供应商和消费者存在的问题和漏洞,诸如钓鱼网站层出不穷,假冒伪劣产品还比较盛行,这不仅威胁到用户的信息、财产安全,也影响了电子商务服务企业的信誉与财产安全。这说明我国的立法和执行环节还存在一定的局限性。

(二)部门规章

从监管实践来看,我国对电子商务领域并未成立专口的监管部门,目前国家工商行政管理总局、工业和信息化部、商务部、公安部、中国人民银行、国家发改委、财政部、税务总局、国家食品药品监督管理总局、国家质量监督检验检疫总局、国家新闻出版广电总局、文化部、知识产权局、版权局、海关总署、证监会等各个部门各司其职,共同监管电子商务所涉及相关的各个细分领域。各个部门均制定了大量的与电子商务相关的部门规章,如《互联网新闻信息服务管理规定》(2005年)、《电子认证服务管理办法》(2009年)、《电信和互联网用户个人信息保护规定》(2013年)、《网络交易管理办法》(2014年)等。在涉及多项监管内容时,各个部委也联合出台了相应的文件,如国家版权局和工信部联合出台的《互联网著作权行政保护办法》(2005年)、八部委联合出台的《关于促进电子商务健康快速发展有关工作的通知》(2012年),等等。由此可见,电子商务发展的相关监管职能部门制定了相应的管理办法和规范,为维护行业发展秩序发挥了巨大作用。但是当前在个人信息保护、知识产权、造假卖假、网络犯罪等电子商务领域问题依然比较突出,部门之间规章还没有形成动态高效的协同治理机制。

二、我国政府电子商务监管的发展历程

我国政府对电子商务的监管历程可以划分为四个阶段:2000年以前为探索阶段,2001—2008年为起步阶段,2008—2012年以后为快速发展阶段,2013 年以后为从信息(IT)时代向数据(DT)时代转型阶段。具体说来,2000 年之前,由于电子商务本身发展的限制,集中在一线城市如北京、上海等地,其监管也主要是由地方部门尝试摸索监管,以北京市工商局于 2000 年发布的《北京市工商行政管理局关于规范网站销售信息发布行为的通告》为代表,主要是针对电子商务中具体的交易行为,规定不得发布虚假信息,然而其监管并未考虑到实际的操作难度,对监管对象并未建立有效的制度约束,因此其监管效能也存在一定的局限性。2001 年到 2008 年之间,地方政府探索监管逐步增多,国家部委也纷纷涉及电子商务立法,对电子商务监管进入深水区,以国务院办公厅 2005 年发布的《关于加快电子商务发展的若干意见》为代表,对电子商务发展作出了相对全面的规定,并根据电子商务的特性制定监管措施,如提出建设完善信用体系、建立电子商务国家标准体系等。2008 年之后,我国政府电子商务监管进入快速发展时期,主要表现在国家工商总局、中国人民银行、商务部以及文化部对电子商务相关领域均进行了规范治理,出台了一系列有针对性、实用性的法律法规,以国家工商总局 2010 年公布的《网络商品交易管理暂行办法》与 2014 年对其修改后出台的《网络交易管理办法》为代表,其监管内容充分适应当前电子商务发展的新特点新趋势,并细化了对消费者合法权益的保护措施,重点关注网络不正当竞争、垄断及知识产权等问题,从而推动电子商务领域的监管职能不断深化和细化。2013 年以后为 IT 时代向 DT 时代转型期。众所周知,沃尔玛的崛起与 IT 技术密不可分。早年利用计算机管理存货,1985 年利用 EDI 与供货商进行更好的协调,20 世纪 80 年代就花费 7 亿美元发射一颗卫星,建成了计算卫星系统,远远超越同行的 IT 技术为沃尔玛赢得市场和高额利润。但是在 DT 时代,人、事、物时时刻刻都被数据化了,IT 时代的 IT 技术以提升自我的能力为主,用于自我控制和自我管理。而在 DT 时代有了云计算基础设施,数据的开放、流动、共享成为可能,数据变成了赋能新经济的核心要素,DT 技术则以服务大众、激发生产力为靶向。由此可见,向 DT 时代的转型推动着数据作为生产要素在越来越多的行业中扩散,大量的电子商务企业和个人利用数据实现提升效率,改善业务流程、完善信用体系建设的发展目标等,给当前的电子商务迅速发展带来了积极而深刻的影响。

第三节　当前电子商务监管面临的主要问题和矛盾

随着互联网和移动互联网技术的快速发展,也带动了我国电子商务交易量呈爆炸式增长。互联网在给我们带来便利、快捷、高效的电子商务服务的同时,其全球化、网络化、虚拟化和管理的非中心化等特点也带来了各种风险。客观上要求治理与发展的协同。但是,从当前政府监管的实践看,电子商务监管领域存在的许多问题和漏洞,监管严重滞后,监管政策摇摆不定,监管模式创新不够,监管技术落后、缺乏电商平台生态治理协同机制等一些突出问题。可以概括为以下四个方面。

一、法律法规体系不完善,监管执行难

从以上我国法律法规建设和电子商务发展历程看,存在法律法规建设滞后、监管体系不完善、依法监管的难度较大等一系列问题。但主要集中在以下两个方面:一方面法律法规建设滞后。电子商务作为近

年来出现的新的营销模式和经营行为,打破了以往商品流通格局,重塑了以往的商业模式和流通渠道。但是,伴随着互联网交易的身份不确定的风险、信用风险、技术风险的配套法律法规体系建设不完善,加上原有的经济管理法律法规已经无法对新生商业业态进行有效的约束。据国家工商行政管理总局统计数据显示,每年因产品低劣、制造销售假货造成各类损失达到 2000 亿元以上,因合同欺诈而造成的直接损失就达到 55 亿元。另一方面法律法规和部门规章修订滞后,执行效率较差。当前对电子商务的域名、电子合同、电子签名、电子认证、消费者保护及反不正当竞争等领域的法律制度修订滞后。虽然日前新修订的《中华人民共和国消费者权益保护法》和《网络交易管理办法》都明显对平台企业加大了责任和义务要求,但是实施细则和行政处罚方式不够明确,导致执法人员面对复杂多变的网络违法行为和消费者申投诉时束手无策。使不法商家逍遥法外,严重影响了电子商务的生态发展环境。例如,当前钓鱼网站猖獗、金融犯罪持续上升等安全问题,已成为制约新形势下电子商务发展的主要障碍。据工业和信息化部的统计数据显示,2016 年针对我国公众而存在的钓鱼网站就达到 7504 个之多。"钓鱼者"利用四十余家品牌网站,对广大网民实施诱导。针对当前公众的购物习惯,"钓鱼者"主要选择了淘宝网、阿里巴巴、支付宝等网站。

二、监管方式陈旧,政策摇摆不定

当前,我国电子商务监管领域中比较突出的问题就是监管方式创新不够,监管制度适应性效率不高,甚至是存在"政策摇摆",一定程度上阻碍了电子商务的健康发展。一是监管方式落后。作为电子商务的监管主体,我国工商部门均已建立了网络交易监管平台,但是受到技术开发程度和普及面的影响,对电子商务市场的监管方式比较落后。尤其是在基层工商部门,基础设施、技术手段和专业人才远不能满足适时监管的需要。同时,因缺乏完善的社会信用监管体系和网络化信息管理系统,不能依赖信息化手段实行以网管网的监管措施,仅依靠人力进行筛选辨别,加上绝大部分电子商务网站都没有实体店铺,也不需要提供任何资格证明就可以在平台开展经营活动。电子商务这种无实体、虚拟化、网络化的经营方式,加大了工商部门对数量众多的电商主体监管的难度。二是多部门监管协同机制建设滞后。当前,中国电子商务监管政出多口,各部门分工并不明确,对于容易监管、有部门潜在利益的地方,各部门纷纷出台制度进行监管,追求制度性寻租。而对于监管盲点、监管难点和风险点则拒之门外,监管的主体责任缺失,再加上政府行政规制的缺位,导致该监管领域往往得不到有效监管,不该监管的却重复监管,未形成监管政策的合力,多部门协同机制建设滞后。再如网络商品的物流配送,物流是电子商务从线上到线下最重要的环节,任何虚拟的线上交易都需要物流实现线下的商品送达,然而这个环节各个部门均缺乏必要的监管措施,仅商务部门和邮政部门进行了一些无足轻重的管理。三是监管政策的"摇摆不定",效率不高。从跨境电商的监管政策来看,从2016年"4·8新政"推出,推行之后两个月暂缓实施,再到2017年3月份商务部发言人作出了明确表示,过渡期后将对跨境电商零售进口商品按照个人物品的方式进行监管。短短一年时间针对跨境电商的发展,政策变换了多次,违背了新政实施限制假货的初心。这一新政极大削弱了跨境电商行业在商品引进的效率优势和成本优势,对保税自营为主的企业来说更是致命的打击。同样,2017年5月21日,刚刚结束的北京网约车新政五个月的过渡期,北京正式开始实施《网约车经营服务管理实施细则》,就出现了新政引发打车难,高峰期网约车成功率只有五成。[①]

三、监管技术落后,效率不高

当前是现代互联网技术和信息通信技术大发展的时代,更是 IT 时代的电子商务与 DT 时代的电子商务转型的关键期。客观上要求对电子商务的监管方式和监管理念动态调整,与时俱进。但是我国的电子商务的监管技术比较落后,直接制约着监管效率提升。一是缺乏现代信息技术支撑的监管手段。从现代电子商务发展实践来看,由电子商务、互联网金融、电商物流、云计算与大数据等构成的互联网商业生态圈,必须有现代信息技术支撑的监管模式才能进行有效监管。例如互联网上"钓鱼网站"泛滥,一些不法分子利用现代信息技术,通过精心设计,伪装成广大用户比较信任的网站,用户在不知情的情况下,输入个人信息、银行账号、密码等私密信息,而不法分子则利用所获取的信息盗取用户银行资金,从而获得非法经济收益。在互联网和大数据时代,必须利用监管技术创新,开发专业的电子数据搜索软件,通过相应的搜索分析技术对这些数据进行分析,才能有效提高监管效率。二是专业技术人才匮乏,调查取证难。当前,工商部门对电子商务监管难度大的原因,一方面是技术短板制约,但更重要的是技术人才短缺。电子商务作为一种新兴产业,需要熟练网络技术并且工商法律法规掌握较好的人才,但目前的基层工商部门人员在年龄结构、学历水平、专业构成方面都比较老化,缺乏一支现代信息技术和通信技术武装的专业化人才队伍。由于掌握高端监管技术的人才缺失,导致违法行为取证困难、监管难,甚至无法对其进行定性处罚。三是电子监管技术缺乏国际

---

① 《北京网约车新政引发打车难高峰期成功率只有 5 成》,央视新闻,2017 年 5 月 20 日。

交流与合作。相对于发达国家而言,我国的互联网技术、现代通信技术和网络技术等发展起步较晚,尤其是电子商务监管技术与国外存在一定差距。电子商务交易引发的新型违法案件层出不穷,如个人信息泄露、网络诈骗、网络虚假宣传等,这些违法案件都以电子化的形式出现,仅靠人力通过肉眼去观察根本无法进行有效的监管。单纯依靠一国现有的法律法规、监管方式、监管技术等往往难以解决,互联网技术驱动全球商业组织趋于平台化发展,专业服务外包化,交易平台生态化全球化。因此有必要加强国际交流与合作,通过监管技术共享和创新,共同解决电子商务发展面临的难题。

四、平台化监管理念缺失,营商生态不佳

从目前我国电子商务的监管实践看,整体缺乏平台化和生态化治理思想,不能从全局和战略层面处理好监管的顶层设计问题。主要体现在两个方面:一是缺乏平台化生态监管理念。当前,我国电子商务得到了蓬勃发展,海量化的交易数据和个性化的需求,多样性、生态化与跨区域性的物流商流信息流,传统的监管理念已不适应新的发展需求。简而言之,平台化治理就是顺应这种信息社会复杂环境治理要求的结果。电子商务服务平台是多样化的功能和海量用户的互动平台,更是现代商业服务的核心。然而,电子商务监管中缺乏平台化生态治理理念,出现"头痛医头,脚痛医脚",片面化问题倾向严重,缺乏系统的、完善的规则体系,忽视平台价值在对于整个网购生态环境中的支撑作用,忽视第三方机构参与的多元化治理平台建设,各自发挥优势和专长为新商业文明的治理贡献智慧的积极性不高。二是平台信用治理重视不够。据中国互联网信息中心的调查数据显示,未进行网上购物人群中,约占 67.6%的受访者担心上当受骗,因而放弃便捷的网上购物。电子

商务消费群体中,约占39.3%的比重认为面临最大的困惑就是产品质量、售后服务、厂商信用等问题。当前我国社会信用体系发育程度较低,无论是企业还是个体都存在着普遍的失信现象。而网上交易中,由于缺乏正常的沟通交往平台,缺乏强有力的监督机制等,造成信用建设问题已成为阻碍我国电子商务顺利发展的一大绊脚石。特别是在市场经济体制下,部分企业、个体为了自身利益最大化,造成欺诈盛行、假货横流、商业生态恶化的被动格局。

第四节　电子商务发展与制度选择

电子商务作为一种新型的商业交易模式,在电子技术驱动的大背景下,其交易方式、交易规则以及交易环境发生颠覆性变化。必须根据电子商务监管领域存在的突出问题和矛盾,完善相关法律制度建设,创新监管方式,转变监管理念,吸收和借鉴国外的成功经验,建立和完善我国电子商务监管体制机制,构建适应互联网组织模式的全新治理架构,为我国电子商务的健康发展保驾护航。

一、完善法律法规制度建设,坚持依法监管

在电子商务大发展的时代,完善法律法规制度建设,坚持依法监管,必须抓好以下三个方面:一是抓紧弥补法律法规建设的短板。应针对新的电子支付方式,加快保障支付安全和交易安全的立法工作,高度重视针对消费者信息和个人隐私的立法保护,以及现有相关法律的修订工作。注重法律法规建设与国际法的接轨。互联网已经成为一种全球的基础设施,跨境电商的蓬勃发展,需要世界各国共同构建和维护全

球治理秩序。客观上需要国内电子商务的监管立法和法律修订与国际法规则等兼容和接轨。2014年7月,习近平总书记在巴西发表重要演讲时指出,国际社会要本着相互尊重和相互信任的原则,建立多边、民主、透明的国际互联网治理体系。在无国界的互联网时代,这也需要国内法制建设必须具备国际视野。二是立法、修订法律的内容契合平台交易的特征,未来电子商务监管不是简单的通过平台进行监管,而是以适应平台化交易的方式进行监管,从而产生适应互联网组织模式的全新治理架构。这要求监管的视角需要改变,从被监管者的视角出发,寻找解决问题的最佳方式,更要求监管效率不断提高。针对目前的监管情况,立法、修订法律的周期需要缩短,法律的内容需要切合平台化、网络化、虚拟化的特征;行政监管的周期需要缩短,以往耗时几个月的行政行为需要迅速得到有效处理;监管的信息需要公开、公示,与互联网下的平台信用体系融合。三是立足我国国情,适当借鉴国外法律法规建设经验。英国公平交易办公室主抓电子商务的监管,主要表现在对电子商务中卖家担保的监管、针对违法经营者发布禁令以及对违反法律的交易行为严厉惩处,提高违法成本。针对电子商务的监管,德国认为这属于私法领域,政府应该是坚持通过增加交易透明度、促进信息流动,让消费者了解自己的权利和解决问题的措施。鼓励第三方认证机构参与,更多依靠市场和消费者自身解决出现的问题。韩国通过完善网络交易法,规范交易各方交易行为,保护消费者的利益,相比较英国和德国的监管方式,韩国政府更加注重对电子商务交易的立法监管,且实行中央和地方两级多头监管方式。

二、创新监管方式,增加政策稳定性

当前,提高我国电子商务的监管效率,稳定平台企业等各类经营主体的发展预期,应该抓好以下两个方面:一是创新监管,建立多元化治理模式。互联网时代崇尚多元化,而其精髓就是营造多元化的生态圈,将不同的领域通过某一个平台或者入口连接到一起。应注重监管方式、监管方法和监管机制的创新,努力建设竞争有序、诚信守法、监管高效的市场运营体系。在政府监管体系的内部也需要确定多元化的监管主体,使不同层级、不同地域、不同部门的监管主体可以在同一个监管平台上对同一件事进行临时的监管权划分,从而适应虚拟化经营主体下的主体多变性。政府监管电子商务也需要转变思维,将传统政府单向度的监管方式转变为互联网思维下的多元化治理模式,营造监管的生态圈,整合政府各个部门的监管优势,积极引入第三方平台,重视市场在资源配置中的决定性作用,发挥企业自治、行业自律的功能作用,确立电子商务平台自我监管、事后监管的新模式,形成开放式的监管机制。同时加强消费者的维权力量,从消费者的视角引入监管机制,为电子商务领域消费者维权提供法律保障,并通过消费者参与来提升监管规则的公众认可度。二是稳定监管政策,引导发展预期。要重视监管制度政策的顶层设计,从发展全局和战略上统筹施政任务和目标,处理好变与不变的关系,也就是把握好建立动态的调整机制和增加政策稳定性的平衡关系,避免监管政策的摇摆不定。凡是需要加强事中事后监管的,都应当明确监管任务、内容、标准、程序、方法。有的需要根据新情况、新要求更新监管内容、标准、措施,也要适当留出缓冲期,给平台企业等留出调整空间。尤其是,监管新政的出台之前,一定要强调企业、个人和相关社会组织参与政策的制定,平衡社会多元化行为主体的客观需求。既能如期实现监管目标,又能把各个利益相关者的利益损失降到最低。

三、利用大数据、智能化等先进技术，提升监管水平

党的十八届三中全会指出，到 2030 年要实现国家治理体系和治理能力的现代化。客观说来，政府必须利用先进技术，推动监管体制和监管方式转型升级，全方位提升电子商务发展的国家治理能力。一是利用大数据技术提升监管水平。从现代信息技术变革实践看，大数据技术在政府治理方面蕴藏着巨大应用潜力和创新空间。应积极建设大数据平台，有效整合各方面数据资源，使信息趋于系统完整。把分散存储在不同部门、行业的数据，作为整体进行统一管理、整合共享，克服因信息不对称所产生的监管难题，提高制度设计的科学化水平。应以电子商务监管为导向，建立大数据标准化体系，以及大数据生成、发展及发布的数据标准格式，便于数据的无缝隙统筹整合，并注重与国际电子商务信息管理兼容接轨，为政府有效监管奠定基础。要加快制定数据开放共享战略，完善协同管理机制，加快完善大数据基础设施建设。尤其是强化大数据专业人才培养，构建大数据技术的"政、产、学、研、用"联动机制，为大数据技术在政府有监管中全面应用提供基础和平台。二是通过数据平台建设打造电子商务信用体系。目前为止，各个部门对电子商务监管方面的数据都是割裂的、碎片化的，通信部门存有网站的备案数据，工商部门存有企业的营业数据，税务部门存有企业的经营数据，海关部门存有进出口贸易的数据等，其他各个部门也都有自己相关的数据。政府可以利用拥有公共资源的优势，利用大数据、云计算等先进技术，把海量的数据进行整合分析，在电子商务领域建立统一开放的数据平台，将各个部门现有的电子商务数据纳入数据平台中，并以数据为基础，建立电子商务信用体系，通过有效的信用约束达到监管的目标。三是推行智能化监管。积极利用互联网、大数据、云计算等信息化

手段完善政府监管,全面整合各种监管信息资源,提升监管智能化水平。对于电子商务,由于其虚拟化、跨地域性、海量的数据和信息等特征,不可能采用传统的方式进行日常的行政执法、检查监督。应采取变革监管技术,引入电子化的行政执法,建立电子商务领域的网上巡查平台,通过智能化的技术进行自动巡查,从而加强对电子商务的信息监管。例如,对于网络广告,可以将不同类型的违法广告关键词存入监管平台的数据库,通过智能化的文本检查方式,来对网络广告的违法行为进行网上定位。另外,针对重点的领域,如危险化学品领域,应当介入更深程度的监管,抓取交易数据,通过大数据分析掌握某一品类危险化学品的网络经营情况,并对其智能化监管,通过物联网技术掌握其去向,从而实现全流程监控监管。

四、树立平台化生态监管理念,优化营商生态环境

信息社会是一个海量商人、服务商和巨型平台"共舞"的时代,平台是电子商务生态圈的核心,平台化治理是符合电子商务监管的发展大势。当前,电子商务平台化治理工作应抓好以下两个方面:一是树立平台化监管理念,挖潜平台优势。作为双边市场的互联网中间平台的出现,促进了需求端的各种个性化需求与供给端大众供给之间的结合,使各个互联网公户都可能成为潜在的供给方。从国外监管实践来看,对电子商务的有效监管应树立平台生态的监管理念。平台既是交易的平台、数据的平台、信用的平台、利益相关者保护的平台,也是监管治理的平台,只有是一个开放的、动态的治理平台,网民和各利益主体才能积极参与到治理过程,成为平台治理的主体。政府应该为打造开放、透明、共享和担当的电子商务平台创造一切外部条件,包括法治环境、政策环境、信用环境和市场环境的培育,挖潜平台价值对于平台生态环境

的支撑作用。只有这样才能提升监管效率,保障供需方和平台企业的合法权益,维护市场竞争秩序。二是建设平台信用体系,提升监管效率。针对线下线上结合的经营主体,可以通过平台来核实其实名身份,建立政府引导下的信用平台进行对接。针对线上的虚拟化主体,如设计版权交易、数据交易等领域的主体,利用信用平台对其虚拟身份进行监管。从电子商务发展趋势来看,平台化是必然的途径,任何经营主体都需要借助平台的规模来实现与交易对象的对接。目前虚拟化的主体也必然会纳入某一个第三方平台中,利用信用平台形成信用记录,完全可以实现对其主体的不间断监管。在持续优化营商环境的同时,也避免了政府强行推行实名制所带来的巨大的治理成本,符合监管高效的基本原则。

第七章　新经济发展与制度选择

第一节　我国发展新经济面临的重要机遇

目前,我国经济发展的内外部环境正在发生深刻的变化。习近平总书记指出:"新常态将给中国带来新的发展机遇",从整体上看,新常态下我国正处于经济发展的战略机遇期,应该乘势而上,顺势而为。从国际上看,世界政治经济格局出现了新的变化,"逆全球化"思潮有些抬头。但是和平与发展仍是时代主题,经济全球化的大势仍在积极推进。尤其是在北京刚刚闭幕的"一带一路"建设峰会,为沿线60多个国家带来了新的发展契机。从国内看,经济新常态下的供给侧结构性改革不断深化,"三去一降一补"任务取得了积极进展。党的十八届六中全会提出全面从严治党,优化了经济发展的制度环境;作为新经济重要引擎的"互联网+"像电能一样,把一种新的能力或DNA注入各行各业,使其站在"互联网+"的风口乘势而为。

一、"一带一路"峰会为中国带来新的发展契机

中国新一代中央领导集体在"十二五"期间陆续提出了"一带一路""京津冀协同发展""长江经济带建设"三大区域战略,加速推进

国际国内区域经济一体化的建设步伐。尤其是 2017 年 5 月的"一带一路"建设北京峰会,"一带一路"秉持的开放、包容、共享、均衡的发展理念,是一个开放式的倡议,将逐步跨越"一带一路"沿线国家,成为包括发达国家在内的全球共商、共建、共享的大平台、大战略。承载着以构建自由贸易区网络为目标、促进全球自由贸易进程的新使命,为经济全球化带来了新的理念,将成为经济全球化的新主角。从国内看,是适应经济全球化新变局,务实推进"一带一路"多种形式的自由贸易进程,加快国际产能合作,将形成国内经济开放转型的重要推动力,为我国新经济的快速发展带来"新的风口"。中国国际经济交流中心总经济师陈文玲阐释:"一带一路"将重塑全球新经济,"一带一路"体现出新全球化中的经济表征,呈现万物互联的网络状态并形成网络体系,以大数据化、高度智能化、强融合化、移动化和泛在化,推动全球经济社会呈现更紧密的联系。"一带一路"体现新全球化中的经济连接,产业链、供应链、服务链、资金链和价值链等,这些虚拟链条较之过去的组织形式具有更大的黏性和融合度。"一带一路"体现出新全球化中新经济主体,跨国公司、若干大数据集成系统、平台经济、体现消费者个人主权意识的市场集成组织,具有更大的跨国发展的新动能。[①]

二、推进供给侧结构性改革创造了新发展空间

2016 年年底召开的中央经济工作会议指出,党的十八大以来,我们初步确立了适应经济发展新常态的经济政策框架。形成以新发展理念为指导、以供给侧结构性改革为主线的政策体系,引导经济朝着更高

---

① 陈文玲:《"一带一路"将如何重塑新经济》,《第一财经日报》(上海)2017 年 5 月 15 日。

质量、更有效率、更加公平、更可持续的方向发展,提出引领我国经济持续健康发展的一套政策框架。作出了我国经济发展面临着"重大结构性失衡"的首次判断,诠释了供给侧结构性改革,最终目的是满足需求,主攻方向是提高供给质量,根本途径是深化改革。供给侧结构性改革的主要任务是重点推进"三去一降一补",旨在破解当前供求关系中产能过剩、库存过大、杠杆偏高、成本高企、短板约束等重大结构性失衡问题,为经济持续发展扫清障碍、蓄积动能。综上所述,中央确立的经济政策框架和深化供给侧结构性改革不仅为新经济优化改善了制度环境,降低制度性交易成本。而且为新经济的发展盘活了金融、土地、资本等生产要素,拓展了新的发展空间。

三、全面从严治党重塑了经济发展的制度环境

党的十八届六中全会精神的核心就是从严治党,旨在从加强和规范党内政治生活着手,以严格实施党内监督为主要措施,开创了全面从严治党的新局面。从社会发展实践来看,从严治党可以传递经济增长的正能量,可以通过减少制度性寻租,改善经济发展的制度环境,发挥市场配置资源的决定性作用,提高全要素生产率。从党建实践看,严肃党内政治生活和完善党的监督切实有助于减少腐败、惩戒腐败、净化政治生态、营造廉洁从政的良好制度环境,有助于进一步厘清政府与市场的关系,有助于推进国家治理体系和治理能力现代化,有助于破除利益藩篱和全面深化改革,有助于减少经济发展阻力和保持经济可持续健康发展。由此可见,党的十八届六中全会提出的从严治党,对政治经济发展和国家治理体系和治理能力现代化推进意义重大。同时,也型塑了新经济蓬勃发展的生态环境。

四、"互联网+"成为发展新经济的重要"风口"

全球已经步入移动互联网连接一切的时代。中国目前有全球最多的网民、最多的手机用户,有 6.5 亿网民,有 5.6 亿是手机用户,移动互联网渗透率远高于全球平均水平。这使得中国具备了得天独厚的基础优势。在当下的中国,"互联网+"正演变着一场重新发现生产要素、释放生产力的集体实践与社会化创造性试验,一次关乎生活方式、生产方式、社会生态、治理模式等领域的深层次重构。2014 年 2 月,习近平在中央网络安全和信息化领导小组第一次会议上指出,信息化和经济全球化相互促进,互联网已经融入社会生活的方方面面,深刻改变了人们的生产方式和生活方式。在 2015 年《政府工作报告》中推出了"互联网+"的概念,并要求制订"互联网+"行动计划。"互联网+"代表一种经济社会发展新形态,它是新常态的重要组成部分,业已成为中国创新发展、可持续发展的关键驱动要素。以互联网为基础的社会和创新要素正在推动着技术进步、效率提升和组织变革。加快推进"互联网+"发展,有利于重塑创新体系、激发创新活力、培育新兴业态和创新公共服务模式。有利于打造"大众创业、万众创新"和增加公共产品、公共服务双引擎,主动适应和引领经济发展新常态,形成网络经济与实体经济协同互动的发展新格局。当前,通过促进完善"互联网+产业生态体系"、形成"互联网+社会新经济形态"等技术经济范式。已经形成了一批具有国际影响力和竞争力的行业和样本企业,在中国制造、电子商务、共享经济和互联网金融四大领域形成重点突破;通过优化价值链,催生新业态、新技术、新模式,发育新兴产业;促进"互联网+产业资本+众创空间"蓬勃发展,以创新为纽带促进产业集群、智力集群,形成新经济发展的"时代风口"。

第二节　发展新经济面临的主要问题和挑战

一、新经济相关的制度供给和创新不足

目前,我国的体制机制环境还不能满足新经济发展的需要。一方面新经济领域政府与市场的关系不清晰。政府对市场行政干预较多,知识产权保护制度和信用制度建设滞后,新经济有关的制度供给结构与需求结构不匹配,政府的管理理念不适应新经济的发展趋势和规律,制度的"适应性效率"较低,一定程度上增加了社会交易成本。如以新经济为代表的跨境电商行业,2016 年 5 月,跨境电商新政实施一周,郑州、深圳、宁波等跨境电商综合试验区进口单量分别比新政前下降70%、61%、62%;新政实施一个月,绝大部分的跨境电商企业交易量都大幅下降,行业交易量平均下降了 40%—50%,影响比较小的企业也下降了 20%—30%。另一方面,缺乏宽松、高效的配套制度体系。在大众创业、万众创新的大背景下,大批高新技术的中小企业陆续诞生和崛起,但融资难和融资贵问题严重阻碍了创新创业的激情,显然,在推动新技术、新产业、新业态发展和传统产业转型升级层面缺乏一套必要的融资制度体系支撑。如具有旺盛生命力和普惠金融性质的互联网金融产业,既要全面鼓励创新,又要审慎监管。

二、核心领域的技术创新能力相对落后

目前,中国科技创新能力特别是原创能力与发达国家还有一定差距,关键领域核心技术受制于人的格局还没有根本改变,技术创新能力

相对比较落后,科技成果转化率不高,技术创新与商业模式、金融资本和创业者融合的深度不够,持续催生新的经济增长点和就业创业空间有限。在 2016 年 5 月,习近平总书记在全国科技创新大会上指出:地球内部可利用的成矿空间分布在从地表到地下的 1 万米,目前,世界先进技术水平勘探开采深度已达 2500 米和 4000 米,而我国大多小于 500 米。材料是现代制造业的基础,但是中国在现今高端材料研发和生产方面与发达国家差距较大,关键高端制造材料远未实现自主供给。尤其是,在新一轮科技革命和工业革命的浪潮下,以现代信息技术和智能制造技术为代表的,包括物联网、云计算、大数据、"互联网+"、智能机器人技术、4G 和 5G 通信技术,以及以纳米技术为代表的新材料等技术研发和应用均处于起步阶段,部分甚至处在概念的认知层面,与发达国家应用差距较大。例如,中国是世界制笔之乡,但是核心技术和零部件都是掌握在瑞士、日本、德国等发达国家手中,很大一部分利润被他们攫取,每支笔留给我们的只是蝇头小利。

三、以"互联网+现代制造"为主导的产业体系还未形成

目前,中国已经成为世界第二大经济体、第一制造大国,但不是制造业强国。虽然在电子商务等服务业上新经济发展领先于世界,BAT 在世界 IT 企业中具有举足轻重的地位。现代电子商务、物流供应、O2O、互联网金融等迅猛发展,大大促进了中国新经济的发展。但是,中国目前的"互联网+现代制造"、智能制造和智慧生产等产业才刚刚起步,以"互联网+现代制造"为主导的产业体系还远未形成。黄群慧(2016)指出我国智能制造发展还面临许多突出问题,主要有感知、控制、决策和执行等核心环节的关键技术设备还受制于人,智能制造的标准、软件、网络和信息安全的基础还十分薄弱,各类智能制造管理模式

还亟待培育推广,智能化集成应用领域非常有限。众所周知,现代产业体系的创新发展主要驱动力来自制造业发展,先进制造业主导着未来世界财富分配的格局。从美国的经济发展历程看,其"再工化"的核心是生产方式变革,根本特征是"互联网+工业",工业互联网更加重视网络、软件、云计算和大数据等现代信息技术带来的工业服务方式的变革,GE公司已经是"互联网+工业"模式的典型代表。换句话说,美国一直高度重视发展以"互联网+现代制造业"为主导的产业体系。

四、监管模式不适应新经济的发展趋势

新经济的发展突破了传统的行业边界,开辟了新的领域,与此同时,监管模式和现有法律法规变得不适应新经济的发展。一方面监管模式不能完全适应新经济的发展趋势。发展新经济需要的新规则、新理念和新治理的"软实力"缺失;监管技术手段落后,缺乏应用与监管配套的大数据、云计算和互联网技术;固化盲目的"监管思维",严重缺乏创新性。现在很多新经济领域呈现出平台化、个性化、网络化和跨界融合化的基本特征,客观上要求监管模式和监管手段更加开放包容、协同有效。但是目前对新经济的监管存在政府、市场与社会权界模糊,商品和要素自由流动、平等交换、公平准入等层面存在一定的市场壁垒。如2015年年底为响应治理P2P乱象,许多地方工商部门自行停止办理带有互联网金融、理财、金融信息服务等字眼的经营内容的主体登记。另一方面,法规政策严重滞后于新经济发展。一些领域的法规政策跟不上新技术、新产业、新业态的发展步伐,对一些《不正当竞争法》《反垄断法》等法律法规修订滞后,法规体系一定程度上成为发展新经济的羁绊。同时,也要认识到我国的信用体系、数据共享、隐私保护、研发激励等方面的法律法规不完善,部分新经济领域的标准规则还比较欠缺。

五、发展新经济的基础设施和公共服务供给不足

目前,我国发展新经济面临着基础设施建设滞后,公共服务供给不足等一系列问题。一是政府对发展新经济的公共产品供给不足。当前,我国发展新经济的信息基础设施建设严重滞后,在加快推进大数据、云技术、超级宽带、能源互联网、智能电网等各种信息基础设施的投资严重不足,尤其是一些"老少边穷"地区建设信息高速的软硬件极度缺乏。二是新经济的核算体系和方法不完善。在我国的新产业、新模式、新业态形态大量涌现,新经济与传统经济概念边界还没有完全厘清,现行的统计评价指标体系难以科学、全面、准确地反映新经济发展成果,未能很好地反映创新对经济增长的贡献,从而在引导研发投入、技术变革和创新驱动发展等政策层面有失精准性,在国民经济核算体系和方法上还没有实现与国际标准接轨。三是对新经济的内涵外延研究不足。新经济概念首次写入 2016 年政府工作报告,作为一种新的经济形态,新经济的内涵和外延需要更多的研究,包括发展规律、路径、整体的架构,需要更加深入地在理论和实践上作出探索。尽管目前已出台了很多政策举措,对发展新经济、培育新动能非常重要,但确实存在着这些政策与新经济发展需求不配套、不协同,甚至相互对冲的问题。

第三节　新经济发展与制度选择

一、全面深化改革,优化新经济相关制度供给

制度是造就人才、推动新技术产生的核心要素,是加速生产要素向

新经济流动的关键动力。全面深化改革的目的旨在提高制度供给质量和效率,也即新制度经济学家诺斯所提出的"制度适应性效率"理论,可以减少制度性壁垒,降低交易成本。华民和贺晟(2001)指出,新经济时代的竞争就是制度的竞争,要发展新经济首先要进行制度创新,应向全面深化改革要发展动力。重点抓好以下三个层面:

（一）深化行政管理体制改革

深化改革要注重制度的顶层设计,提高制度的适应性效率,降低制度性交易成本,向制度要红利。应进一步简政放权、放管结合和优化服务,充分激发市场活力和社会创造力。这里的简政放权是社会主义市场经济体制的建立和加快发展新经济相配套的简政放权,可以重塑市场主体活力,加快市场化进程,更好地让市场在资源配置中发挥决定性作用。深化行政管理体制改革就是取消那些过时的、阻碍新经济发展的行政审批制度,把行政审批事项下放。规范行政审批制度工作中的清理收费和罚款行为,就包括收费的合法化、收费的程序、收费标准和收费取向的规范化。[①] 同时,深化改革应着力提高政策的执行效率,打通政策执行"最后一公里"的障碍,为新经济发展创造宽松高效的体制机制环境。

（二）深化企业改革,培育新经济主体

深化国有企业改革,着力创新体制机制,加快建立现代企业制度,激发各类要素的活力,积极培育企业新型创新主体,充分发挥国有企业在供给侧结构性改革的带动作用,尽快在国有企业改革的重要领域和关键环节取得新成效,做优做强做大国有企业,打造引领新经济发展的龙头企业。同时,民营企业已成为"互联网+""电子商务""分享经济"

---

① 厉以宁:《简政放权与培育自主经营的市场主体》,转引自《创新驱动中国》,中国文史出版社 2016 年版,第 114 页。

等新经济的重要载体,也要深化制约民营企业发展相关制度改革,激发民企发展活力。

(三)深化科研管理改革,充分释放科研潜力

整体看来,当前科研经费存在的问题比较复杂,一定程度阻碍了部分科研工作者的创新激情和科研动力。解决起来需要整体推进,要以科技创新、技术攻关为核心,引领科技体制、创新科研经费管理体制,推动深刻变革,破除束缚创新和成果转化的制度障碍,创建灵活宽松的科研管理体制机制环境,充分释放科研潜力,切实让科研经费为人的创造性活动服务。在科研经费使用上应多考虑人的智力因素,经费使用应该留有一定的空间,不能过于僵化,可以适度进行动态调整。另外,不同类别的科研项目有自己的特殊性,在经费安排和使用上不宜一刀切,应分类考量、区别对待。正如习近平总书记所强调的:"要着力改革和创新科研经费使用和管理方式,让经费为人的创造性活动服务,而不能让人的创造性活动为经费服务。"[①]

二、坚持创新驱动发展,完善技术创新体制机制

实现创新驱动是一个系统性变革,要坚持双轮驱动,所谓双轮驱动就是科技创新和体制机制创新两轮子相互协调、持续发力。体制机制创新旨在调整一切不适应创新驱动发展的生产关系,统筹推进科技、经济和政府治理三个方面的体制机制改革,最大限度地释放创新活力。毋庸讳言,创新驱动发展新经济,在大力推动"大众创业、万众创新"的同时,完善技术创新的体制机制建设是创新驱动发展的重中之重。具体来说,应着力抓好以下四个层面:

---

① 赵永新:《让经费为人的创造性活动服务》,《人民日报》2016 年 6 月 17 日。

（一）坚持基础研究和前沿技术研究协调并重的创新机制

应加强基础研究和前沿技术研究,提升原始创新能力。同时,应正确认识基础研究与前沿研究的因果关系,实施双轮驱动发展,强化基础和前沿技术研究,不断加大两个研究领域的持续性投入,力求创新投入产出效率最大化,构筑原始创新的先发优势,用好比较优势,突破国家战略层面重大科技难题。

（二）聚焦创新资源,攻克核心领域科技难关

要完善优化符合科技创新规律的资源配置方式,科研队伍、经费和重点技术创新平台(协同创新中心和国家实验室)等资源适度向核心领域科技攻关项目倾斜,瞄准国家重点科技项目布局建设一批一流科技设施、国家科研与技术创新基地等。同时,也应该加快完善新公司的电子注册机制,缩短电子注册周期。可以学习智利、英国和新加坡的经验,例如新加坡新公司整个注册过程已经完全电子化,注册一家公司需要 1—2 天,尤其和那些营商环境排名靠前的国家相比,在中国开办一家新公司流程仍然比较烦琐,全套手续大约需要 20—30 天时间。

（三）注重引智工程,打造技术创新人才队伍

当前,全球经济发展还没有彻底走出经济危机的阴霾,世界贸易和投资增速连续五年放缓,导致发达国家的高端科研人员有效需求明显不足,研发职工离职率高得出奇。政府应及时顺应世界经济发展变化趋势,引进大量外籍高端技术人才,以科学高效的激励机制留住和用好国外高端科研人才,加快攻克核心领域的技术难题,为中国新经济发展提供智力支持。在实施路径和方法层面,应汲取美国的引智经验。在美国发展新经济背景下,对高科技人才的需求不断扩大,政府放宽了移民政策,从印度、中国、俄罗斯等大批引进人才,以充实其人才库。

(四)完善技术转化能力的激励机制

世界上每个国家都致力于提高本国技术转化活动的效率,技术转化指的是这样一个过程,通过创造新的或者更具竞争力的工作,使得科研成果得以产业化和商业化。以科研成果为基础,通过创办一家公司来进行科研成果的商业化,这是最为复杂的形式,需要扎实的商业和管理才能。[①] 据调研获知,目前,中国总共有超过1300个业务孵化器,孵化器和大学科技园区都成立了办公室和设备齐全的实验室,它们可以享受减免税收、较低的租金、研究资助和各种免费咨询等激励,但是其技术转化能力和科研成果转化率极低,与发达国家相比成果转化率差距较大,已经形成制约创新驱动发展的短板。必须完善技术转化各个环节的激励机制建设,破除技术成果转化中的制度、管理和市场各个环节的壁垒,促进技术创新和商业模式创新的深度融合,构建专业化技术成果转化服务体系,发展多种形式的先进技术研发、成果转化和产业孵化协同创新机构。

三、创新监管模式,全面提升新经济治理能力

新经济是一场新的技术革命和产业革命,新经济的迅速发展,引发了微观企业在组织方式、管理机制、经营模式、企业文化等方面的深度变革,以及中观层面的产业结构、产业布局和产业组织等发生着空前变化。这就客观上要求新经济时代的政府创新监管方式,政府有效监管的经济模式成为当今市场国家的共同选择,政府为实现公共利益最大化,克服自身失灵,弥补市场缺陷,依赖监管的新理念、新技术和新模式全面提升新经济的治理能力,也是政府监管不断创新和加强的过程。

---

① 乔治·豪尔、马克斯·冯·泽德维茨:《从中国制造到中国创造》,中信出版集团2017年版,第99页。

创新监管应聚焦以下五个方面：

（一）创新监管方式，不断提升新经济的治理能力

在新的历史条件下，传统的监管理念、监管制度、监管方式和监管手段，已很难满足新经济时代的发展需求，政府的监管模式必须创新和改革。应以党的十八届五中全会提出的新发展理念为指导，积极探索创新包容有效的审慎监管，强化底线思维，提高新经济领域的风险防控水平，构建更加包容创新、科学灵活的审慎监管制度。从监管技术和手段层面，应积极利用大数据、云计算和互联网等现代信息技术手段推进监管方式创新，加强对新产业、新业态的运行监测和研究分析，提升监管效率。同时，积极鼓励一些部门运用"互联网+"思维创新监管思路方法，去有效监管新的不断涌现的市场业态和新经济形态。

（二）完善监管体制，加快由"管理"向"治理"转变

尽管政府对监管负有主体责任，但也应积极克服政府单向度管理的弊端，加快由政府的单一管理主体向国家、社会和市场共同治理转型，充分发挥多元化治理主体的潜力和优势，注重从审批前准入到准入后的全链条监管。同时，广泛吸引公众参与监管，充分发挥社会组织的监管作用。积极探索发展新经济试错容错机制，创造相对宽松的新经济发展环境。要加强顶层设计，完善监管体系，要按照社会主义经济体制和发展新经济的要求，构建全过程、立体式、开放型、现代化的智能监管体系，有序协同推进放权和改革。

（三）坚持实施依法监管，加快修订新经济发展领域中的法律法规

从西方发达国家的管制实践来看，英美国家的政府监管不仅有法律的保障，而且还通过完善的普通法司法体系对政府行政监管权力形成有效的监督和制约，有效防止政府过度监管和乱作为，行政命令直接干预微观经济的运行。完善我国的信用体系、数据共享、隐私保护、创新激励、知识产权保护等方面的法律法规建设,加快对《不正当竞争法》等市场管理法体系的修订和完善,积极营造适宜新业态、新模式、新产业成长的法治环境,使创新要素在更充分的市场竞争中流动,全面提高创新绩效。

(四)知识产权保护层面

诺斯认为,一国经济长期增长的关键在于制度因素,其中最重要的是产权制度,政府的主要职责是保护产权。进入经济发展新常态以来,中国政府高度重视的知识产权问题,知识产权的法院数量不断增加,知识产权保护框架正在逐步完善。随着"中国制造2025"、共享经济、电子商务和互联网金融等新经济业态蓬勃发展,客观上要求通过多项立法完善知识产权法系。尤其要加快修订、完善和执行《专利法》《商标法》《著作权法》三项国家法系,以及《中华人民共和国知识产权海关保护条例》和《中华人民共和国反不正当竞争法》。使本地公司和外国公司的知识产权确实得到有效保护,加快推进"创新强国"建设步伐。

(五)新经济治理需要新思维

应减少政府的直接行政干预,放开市场准入,更多发挥标准的作用,适时科学制定和动态调整标准,制定标准和主体多样化。对商业模式创新和新业态开放包容,允许先行先试,加强事中事后监管。动态调整监管措施,不能过早利用现行制度"管""卡""关"和"罚",发挥平台的监督作用,增强平台的治理责任,大力发挥社会组织的监督作用、行业协会的自律作用。政府主要应在市场失灵的领域发挥作用,在基础研究、共性技术、国家重要战略领域、公共服务平台加大投入,加大服务平台建设和基础设施平台建设。积极倡导"政府搭台、社会唱戏",如为PPP模式建立科学合作平台,加强互联网基础设施建设,营造公平竞争的市场和法制环境,强调不同规模、所有制、技术路线等经济主体的公平竞争。

四、完善变革中的政府职能,保障新经济发展的基础设施建设和公共服务供给

从历史发展实践来看,政府职能应该与时俱进,吐故纳新。应认识到政府经济职能是不断演进的,它会随着市场环境的变化而变化,同时又会影响市场环境。社会需要政府,政府必须发挥作用。正如美国前总统奥巴马在其就职仪式上所言,政府的职能关键在于寻找政府有效发挥作用的途径。为了有效行使职能,政府会使用多种政策工具及其所拥有的各种资产。根据亚当·斯密对政府职能的定义界定——政府应当保护和促进商业活动——对以后的经济理论发展产生了非常深远的影响。[①] 发挥有效政府的作用保障基础设施建设和公共服务供给,应重点抓好以下三个方面:

(一)加快新经济发展所需的基础设施建设

从世界新经济发展的历史看,正是由于 20 世纪 70 年代美国政府正确选择了半导体的数字化发展战略和及时建设信息高速公路,使得美国的新经济实现了长达 10 年高质量增长。据此,以新一代信息和网络技术为支撑,积极发展现代服务业技术基础设施。一方面应加快推进我国信息高速公路建设工程,实现城乡宽带网络全覆盖。同时,要加大对大数据、云技术、物联网、能源互联网、智能电网、工业互联网等各种信息基础设施的投资,弥补我国信息基础设施建设的"短板"。另一方面,加快发展交通、电力、通信、地下管网等市场基础设施建设的标准化、智能化、数字化,推动支撑新经济发展的智慧城市、绿色建筑、生态

---

① 维托·坦茨:《政府与市场——变革中的政府职能》,商务印书馆 2014 年版,第49 页。

城市等领域关键技术大规模应用。

（二）增加高端人力资本供给

一方面政府应大力发展高等教育,通过建设国际一流的科研院所、一流的大学和一流的国家实验室,增加人力知识资本供给,提高整个国家知识的存量和流量。实施更加积极的创新创业人才激励和吸引政策,推进科技成果处置收益和股权激励制度,让各类主体的创新人才都在专利交易、知识产权保护和科级成果产业化过程中得到合理回报。另一方面,重视高技能和企业家等专业人才培养。深化国家职业教育改革,弘扬新时代的"工匠精神",加快理论性人才培养模式向应用型模式转型,切实转变学生就业观念,提高技能人才的收入和社会地位,让技术创新和知识创新驱动新经济的发展。同时尊重企业家人才的社会地位和创新精神,依法保护企业家的创新收益和财产权,通过营造新型的政商环境培育造就一大批勇于创新的、敢于冒险的创新型企业家。

（三）应加强对新经济理论和实践层面的深入研究

一方面应通过研究逐步厘清新经济与传统经济边界,为进一步完善现行的统计评价指标体系,完善国民经济行业分类奠定理论基础,进而引导科学、全面、准确地反映新经济发展成果,引导生产要素积极向新经济发展领域流动。另一方面,加强新经济内涵和外延的深入研究,也需要在理论和实践上深入探索新经济发展的规律、路径、态势、整体架构和发展趋势。尤其是强化对政府出台较多的政策举措与新经济发展需求不匹配、不协同等问题的研究,使制度和服务的供给尽可能顺应新经济未来发展的大势。

（四）政府应尽快制定国家层面的公共数据开放战略,建立健全数据管理新机制

新经济时代,大数据已经成为最为核心的生产要素,创造了具有

"乘数效应"的生产力。政府应加快研究制定我国公共数据开放战略，要将公共信息与数据向社会全开放，打破行业信息孤岛，确保社会公众能及时获取使用公共信息。同时，逐步建立数据安全保护体系和数据开发利用标准，确保数据的有效利用和相关方的利益。填平数字鸿沟，数字鸿沟是指不同的社会群体之间在拥有和使用现代信息技术方面存在的差距。数字鸿沟问题不仅关系国家信息化战略目标的实现，也将对城乡统筹和区域发展产生深远影响，日益成为和谐社会建设过程中必须面对的重要课题。联合国顾问丹尼斯指出，"数字鸿沟实际上表现为一种创造财富能力的差距"。

五、构建科学的政策机制，推动新经济产业结构优化

针对当前我国新经济产业结构存在的问题，应构建科学的政策机制，激励和引导生产要素新经济领域流动的同时，加快构建以"智能制造"为主导的现代产业体系。

（一）应正确处理产业政策和竞争政策的关系

根据亚当·斯密的观点，其希望政府能起到有限的、有用的、富有成效的作用。准确说来，既要发挥产业政策引领和扶持作用，又要尽可能地减少对市场调节机制的直接干预。当前，新经济催生了大量的新技术、新产业、新业态和新模式，为我国产业结构从低端迈向中高端奠定了技术经济基础，并指明了发展方向。应通过构建科学的政策机制引领和促进，结合"中国制造2025"和"互联网+"战略落实，引导新经济的良性发展和经济结构优化。在实施中要注意正确处理产业政策和竞争政策的关系，切实把握好产业政策实施力度，既要发挥好产业政策的扶持、引导和推动作用，又要避免落入政府大包大揽、急功近利的强选择性产业政策窠臼。在推进新经济发展导向上，既要重视智能制造、

绿色制造、高端制造等新技术、新产业以及各种新商业模式本身的发展,还要重视新技术、新业态和新模式在传统产业上的应用推广和改造提升。

(二)推进产业政策向创新和竞争政策转型

在一个创新驱动发展的大背景下,传统产业政策表现极不适应,其政策的核心特征是选择性补贴,政府把认为重要的、代表方向的好企业和好产业挑出来,给予大力支持和扶植,这样一种政策逻辑对新经济发展已经很不适应。必须基于创新经济的基本特征进行政策转型,激励创新最好的办法不是从产业政策里去把成功的创新者挑选出来去激励,而是创造一个能够发现创新、赋予创新、激励创新的价格机制。应着力推进产业政策向竞争政策和创新政策转型,竞争和创新政策强调的完善产权、完善市场本身,让市场形成良性竞争,特别是要破除各种保护措施和准入限制。从资源配置层面,竞争和创新政策鼓励竞争,减少各种保护措施和准入限制,是普遍性政策,凸显了市场的优胜劣汰机制,主要依靠法律法规、界定市场主体和产权、政府购买、基础研究补贴等干预手段弥补市场缺陷。因为企业是创新的主体,应建立完善企业创新动力机制,优化创新政策供给,让创新政策引导已经具有技术创新动机甚至有了技术创新行为的主体,通过技术创新来实现谋利动机。可见,企业通过垄断资源、获得差异化政策等都可以获利。相对而言,通过技术创新的获利风险很大,不确定性因素很多。因此,利用积极创新政策引导企业通过技术创新的渠道获取利润相当重要。

(三)构建以智能制造为主导的现代产业体系,优化新经济产业结构

从第一章表 1-1 和表 1-2"全球互联网企业最新排名及营收值"和"全球十大工业自动化企业最新排名及营收值"两张表比较分析可

知。一方面全球工业自动化企业前十名中中国企业榜上无名,美国三家,日本三家、德国两家、瑞士和法国各一家;另一方面,全球前十家互联网企业中,美国六家、中国四家,但是从 2016 年的营收值来看,美国六家总营收值约 25000 亿美元,中国四家企业总营收值约 7000 亿美元,美国互联网企业营收值是中国的 3.6 倍。由此可见,我国新经济结构性失衡问题比较突出,智能制造是中国新经济发展的短板,互联网企业大而不强,共享经济和互联网金融行业相对于发达国家,可以说是刚刚起步。必须加快构建以智能制造为先导融合构造现代产业体系,现代产业体系的创新发展主要驱动力来自制造业的发展。应具有长期战略视野,把工作重点放在完善培育制造业创新生态系统和基础性创新环境建设上。尤其是以智能制造为主导的产业体系构建上,智能制造产业作为新一轮科技革命和产业革命的先导迅速发展,进一步支持和带动智慧农业、智慧城市、智能交通、智能电网、智能物流和智能家居等各个领域的智能化发展,满足生产者和消费者的智能化、个性化需求。

六、加快金融体制机制创新,培育多元化资本市场

金融资源是现代市场经济的核心资源,金融协调发展是新经济平衡和可持续发展的重要保障。加大金融支持国家创新驱动发展战略的力度,创新金融宏观调控方式,加快金融体制改革,形成有利于创新发展的投融资体制机制环境。应抓好以下四个方面:

(一)加快商业银行的供给侧改革,满足新经济发展需求

随着大数据、云计算、物联网和互联网技术等新一轮现代信息技术的迅猛发展,极大改变了金融的渠道和工具,民间金融、产业资本、互联网金融等新业态跨界竞争正在加剧形成新的金融生态体系。"中国制

造 2025"（智能制造）、"工业 4.0"和"互联网+"行动计划正在深刻改变着国家经济增长方式、企业商业模式、组织结构变革与竞争方式，新的经营环境和客户需求出现，银行原有的发展模式必然面临着有效供给不足的问题，客观上要求金融需求将发生持续而深刻的变革，这就要求金融机构的经营和管理逻辑的重构，提升供给体系的质量和效率，深化金融业供给侧结构性改革。应着力改变以往基于需求侧的粗放经营方式，通过产品和服务模式的创新、管理和生产组织机制的变革，优化金融资源配置，增加有效金融产能供给，为大众创业创新等新经济的发展提供强大的金融支持。

（二）应加快发展直接融资方式，培育多元化的资本市场

进一步深化资本市场和金融体制机制改革，创新直接融资方式，包括上市、私募等股权融资方式，发行企业债、公司债和中短期票据等债务融资模式。大胆进行金融市场创新，积极创建金融资产交易市场、券商柜台交易市场、产权交易中心和股权交易中心，开辟多层次、多元化的直接融资渠道，扩大直接融资规模。加快多层次资本市场体系建设，切实推进由银行主导的信贷模式向以直接融资为主的股权投资模式转型，真正解决企业融资难、融资贵问题，凸显金融为实体经济服务的宗旨，为新经济发展创造高效宽松的融资环境。应该重视汲取 20 世纪 90 年代美国的直接融资——股权融资经验，股权融资等直接融资模式不仅避开作为"抽租"工具的银行，为高技术创新型企业提供了融资便利，降低了融资成本，而且使企业的产权结构更加明晰，弱化了企业的融资风险。

（三）提高资金使用效率，开展市场化、法治化债转股

企业应强化资金管理，压缩库存和成本，降低资金占用量，提高资金的流动性与周转率。加快结算周期，压缩应收账款规模，减少呆账坏账发生率。创新不良资产处置模式,优化债务结构,妥善处置企业债务。加强自身杠杆约束,积极化解债务风险。企业应按照市场化、法治化的方式开展银行债权转股权改造,积极主动协调资产管理机构、银行等参与机构开展市场化债转股,在定价转股资产、筹集资金、管理和退出股权等环节,切实尊重银行债权人权益和选择权。依法加快推进"僵尸企业"退市和市场出清,推进企业资产证券化,来盘活企业存量和闲置资产。

(四)加快发展风险资本市场,完善风险投资机制

目前,风险投资基金偏好于在企业发展后续阶段进行大笔投资,而不是选择风险更大的前期投资。同时风险投资公司大都没有遵守恰当的尽职调查的原则,或者把资金投向了创业公司之外的领域。在建立风险投资机制时,应注重对资金投向的精准性有效审核,增加财务报告的规范性、标准性和透明性。同时应加大中国风险投资基金的规模。据 2014 年数据显示,中国的风险投资基金占 GDP 的比重是 0.12%,欧盟国家的平均值是 0.277%,比中国的两倍还要多。① 可见国内的风险投资规模与发达国家差距较大,需要进一步扩大政府风险投资基金规模。另外,应汲取美国风险投资与风险企业之间特殊的治理机制经验,其作为一种重要的制度创新,风险投资机制不仅极大推动了技术创新,促进了美国新经济的发展,而且也在美国实践了一个全新的企业治理模式。积极汲取美国投资者对风险投资公司的治理经验,以及风险投资公司对创新创业企业的治理经验,这种比较完善的治理结构,在给创业企业、特别是给高新技术创业企业在金融支持的过程中取得了对传统资本市场投资机制的比较制度优势。

---

① 乔治·豪尔、马克斯·冯·泽德维茨:《从中国制造到中国创造》,中信出版集团 2017 年版,第 96 页。

七、积极参与全球经济治理,充分挖掘全球化"红利"

美国诺奖获得者斯蒂格利茨认为,整体看来,当前全球市场已失去方向感,在很多情况下更多是意识形态战略的务实主义,所以讲到供给与需求的时候,就更应该在公共和私营部门之间取得平衡,所以需要做一系列机制性的安排和政策调整。充分挖掘全球化"红利"应该抓好以下三个方面:

(一)认真汲取美国全球化经验,挖掘全球化红利

从美国发展实践证明,一方面全球化在促进技术创新、投资、制度演化和加快组织重组等方面夯实了新经济发展的基础。全球化为信息技术、高技术产业发展和转移提供了持续扩张的市场和资本供给。全球化促进了美国跨国公司在生产、营销、人才和融资等层面实施全球化战略,利用现代信息技术使其全球的子公司跨越国界的经济交易内部化,更好地利用全球的一切资源。另一方面,美国的新经济还受益于全球化的制度优势因素,美国凭借其国际货币基金组织、世界银行、世界贸易组织等国际组织主要发起人地位,在国际贸易、金融、投资国际规则的制定中发挥着主导作用。美元高度国际化的"世界霸权地位",形成并推进以本国利益为取向的国际经济政策框架,重塑了有利于发挥美国优势的国际经济制度和制度环境。要重视制度竞争是国际竞争的主要方面,制度因素对经济转型和新经济发展发挥着不可替代的作用,一国的制度系统对该国在国际竞争中的地位、能否从经济全球化中获益,利用全球资源尤其是全球资本市场、企业市场、技术市场、金融市场和人才市场都至关重要。经济学鼻祖亚当·斯密在《国富论》提到制度竞争的思想,分析了在不同的制度安排下,人们对资本税差异的预期导致了可移动要素在国际的再分配。

（二）以"一带一路"为发展契机，深化与沿线国家多方位合作

习近平总书记强调，"一带一路"建设既是对构建人类命运共同体的践行，也是对实现人类命运共同体的庄重承诺。中国应把"一带一路"建设作为区域经济合作和全球经济治理的重要平台，强化推动"一带一路"贸易畅通合作，推动贸易和投资便利化，不断改善营商环境。贸易是实现经济增长和发展新经济的重要途径，进而实现更具活力、更加包容、更可持续的经济全球化。注重与沿线国家深度开展国际产能合作，积极参与全球价值链与跨国产能合作体系建设，为国内的供给侧结构性改革、新旧动能转换创造新的空间和时间。积极参与沿线国家和组织开展了多种形式的金融合作，形成层次清晰的"一带一路"金融合作网络，充分发挥亚投行投融资优势，为沿线国家的基础设施建设和创新创业发展注入新的活力。注重"一带一路"建设参与国在科学、教育、文化、卫生、民间交往等各领域互联互通和广泛合作，汲取新经济发展所需技术、资本和市场资源。应在共商共建共享的理念下，用实实在在的行动推动"一带一路"建设新进展，协力谱写和平合作、开放包容、互学互鉴、互利共赢的丝路精神新篇章。

（三）积极参与全球经济治理，履行大国责任

从 15 年前加入世界贸易组织（WTO）、2016 年主办 G20 杭州峰会到中国主办的"一带一路"峰会，中国已经从世界经济舞台的边缘走向中央。但是面对当前世界市场失灵、全球治理机制"力不从心"的现实，中国应积极参与全球治理，为新经济的发展赢得基础资源和发展机遇。经济全球化的发展迫切需要加强全球的经济管理体系，完善管理全球的制度安排。在调整全球经济参与主体的经济关系和经济利益分配，谋求全球经济的均衡和可持续发展。中国仍应以自身发展带动全球经济增长，不断增强经济溢出效应。同时，作为一个贸易自由化倡导

国推动相关规则的修订和建立。中国应当联合发展中国家和发达国家，通过经济外交发现彼此的共同利益，在全球治理中发现共同的利益诉求点，在世界舞台上扮演好中国角色，坚定维护多边体制的治理地位，更应积极主动地向外界提供更多的公共产品，可进一步将中国的理念、元素、方案融入国际规则中，推动各方形成更多共识，扛起推动全球化的大旗。中国参与全球治理，更应激励自身完善练好内功，注重实现自身的更好发展和完善本国利益的保护机制。诸如，在全球制造业转型升级和"中国制造2025"规划实施过程中，都离不开高级人力资本的持续供给。中国应持续加大科研、教育投资，放松过度管制，积极吸收全球人才为中国发展服务。

八、提升企业组织效率，培育新型创新主体

当前，深化企业改革也是培育新经济主体的重要举措。应注重深化国有企业改革，着力创新体制机制，加快建立现代企业制度，激发各类要素的活力，积极培育企业新型创新主体，充分发挥国有企业在供给侧结构性改革的带动作用，尽快在国有企业改革的重要领域和关键环节取得新成效，做优做强做大国有企业，打造引领新经济发展的龙头企业。同时，民营企业已成为"互联网+""电子商务""分享经济"等新经济的重要载体，也要深化制约民营企业发展相关制度改革，激发民企发展活力。

（一）推动企业瘦身健体、压减管理层级

近年来，尽管国有企业改革取得了一些积极进展，但是国有企业管理层级繁多、"僵尸企业"僵而不死、产能严重过剩、兼并重组滞后等问题依然存在。必须通过全面深化改革"瘦"臃肿之身、"健"低效之体。同时，坚决压减管理层级。督促国有企业围绕和突出做优主业，有序转

让退出非主业资产,控制连续亏损、从事非主营业务等企业的员工总量,严格定岗定编,精简管理部门和减少管理层级,对标先进,找差距,补短板。通过组织创新,管理创新,提升企业组织运转效率,加快构建更加符合市场经济要求的企业组织模式和收入分配机制。通过持续"瘦身",降低企业管理成本,提高集团化管控能力。从美国新经济发展实践来看,企业瘦身健体与组织扁平化契合了新经济发展对企业组织变革要求。

(二)依法处置"僵尸企业"和化解过剩产能

去产能的重点是抓住"僵尸企业"这个"牛鼻子",坚持市场化导向,强化企业主体责任,加快推进实施"僵尸企业"处置和特困企业专项治理方案,依法通过破产重组、破产重整和破产清算等途径,加快"僵尸企业"退市。通过"退市",把沉淀的土地、厂房、设备等各种资源盘活起来,并积极引导这些资源要素向新经济发展领域集聚。同时,积极化解过剩产能。国有企业注重通过市场化和法治化的方式积极推进去产能工作,带头继续压减钢铁、煤炭、煤电等落后过剩产能。去产能的核心是人员安置和债务处置。通过企业内部转岗、内部退养、退休、内部待岗和解除劳动合同等多渠道消化富余人员,妥善安置职工,切实承担起社会责任,不把人员分流安置负担留给社会。用好中央奖补资金和各种地方配套资金,协商一致解除劳动合同,依法支付经济补偿。

(三)稳步推进企业兼并重组,切实降低负债率

应继续稳步推动企业集团层面兼并重组,优化资源配置,实现优势互补,提高企业素质和组织化程度,增强市场竞争能力。进一步推动实施行业企业间专业化重组,搭建资源共建共享平台,坚持创新驱动发展,为新经济发展蓄积动能。同时,降低企业负债率、优化债务结构,是企业扩大投资规模、提质增效的重要举措。新形势下,要创新债务重组

方式,用市场化、法制化的办法解决企业债务问题。对扭亏无望、没有发展前景的"僵尸企业"必须依法破产,对有困难的优质大中型骨干企业,予以配套政策支持。通过引入战略投资者、公开募股、上市增发、债转股等方式,提高直接融资比重,切实降低企业负债率,让企业有更大的经济实力去投资新产业、新技术和新业态发展。

参 考 文 献

1. 阿里研究院:《新经济的崛起:阿里巴巴3万亿的商业逻辑》,机械工业出版社2016年版。

2. 陈文玲:《当前世界经济形势发展的新趋势与新特征》,《南京社会科学》2016年第5期。

3. 陈文玲:《"一带一路"将如何重塑新经济》,《第一财经日报》2017年5月15日。

4. 蔡跃洲:《大数据引发新经济增长周期》,《中国社会科学报》2015年8月26日。

5. 崔海燕:《我国居民消费与经济增长关系的区域差异研究》,《技术经济》2011年第2期。

6. CNNIC:《2015年中国网络购物市场研究报告》,中国互联网络信息中心,2016年。

7. CNNIC:《第39次中国互联网络发展状况统计报告》,中国互联网络信息中心,2017年。

8. CNNIC:《2014年中国网民搜索行为研究报告》,中国互联网络信息中心,2015年。

9. 道格拉斯·C.诺斯:《制度、制度变迁与经济绩效》,格致出版社、上海三联书店、上海人民出版社 2008 年版。

10. 单忠德:《绿色制造助推绿色发展》,《学习时报》2015 年 11 月 26 日。

11. 董磊:《战后经济发展之路——美国篇》,经济科学出版社 2012 年版。

12. 董微微:《国外新经济理论的研究进展》,《技术经济与管理研究》2014 年第 8 期。

13. [美]费景汉、古斯塔夫·拉尼斯:《增长和发展:演进的观点》,商务印书馆 2004 年版。

14. 弗朗西斯·福山:《落后之源——诠释拉美和美国的发展鸿沟》,中信出版集团 2015 年版。

15. 方海平:《跨境电商新政满月 交易量减半大量资本撤出》,证券时报网,2016 年 5 月 18 日。

16. 国家行政学院经济学教研部:《中国经济新方位》,人民出版社 2017 年版。

17. 高良谋:《新制度经济与中国经济改革研讨会综述》,《经济研究》1998 年第 7 期。

18. 工业和信息化部:《中国制造 2025——解读材料》,中国工信出版集团电子工业出版社 2016 年版。

19. 国家制造强国建设战略咨询委员会:《智能制造》,中国工信出版集团电子工业出版社 2016 年版。

20. 国家统计局:《2016 年上半年国民经济运行情况》,国家统计局网站 2016 年 7 月 15 日。

21. 国家发展和改革委员会:《中华人民共和国国民经济和社会发展第十三个五年规划纲要》,人民出版社 2016 年版。

22. 国家行政学院:《中国经济新常态》,人民出版社 2015 年版。

23. 黄群慧、李芳芳:《中国工业化进程报告——1995 — 2015》,社会科学文献出版社 2017 年版。

24. 华民、贺晟:《新经济与经济发展的制度选择》,《世界经济与政治》2001 年第 10 期。

25. 胡左浩:《国际营销的两个流派:标准化观点对适应性观点》,《南开管理评论》2002 年第 5 期。

26. 贾元熙:《中国加快发展"新经济"新媒:将成重要增长引擎》,参考消息网,2016 年 3 月 14 日。

27. 刘湖、张家平:《互联网对农村居民消费结构的影响与区域差异》,《财经科学》2016 年第 4 期。

28. 李佐军:《推进供给侧改革 加快发展新经济》,《经济日报》2016 年 4 月 6 日。

29. 卢泰宏、刘世雄:《区域差异的消费行为研究:路径与方法》,《中山大学学报(社会科学版)》2004 年第 2 期。

30. 刘桂芳:《中国互联网区域差异的时空分析》,《地理科学进展》2006 年第 4 期。

31. 刘会政、王立娜:《劳动力流动对京津冀区域经济发展差距的影响》,《人口与经济》2016 年第 2 期。

32. 刘生龙、胡鞍钢:《交通基础设施与经济增长:中国区域差距的视角》,《中国工业经济》2010 年第 4 期。

33. 李博:《基于消费实力评价的区域经济发展差异测度与演变——以京津冀经济一体化为例》,《商业时代》2015 年第 7 期。

34. 李东荣:《中国互联网金融发展报告(2016)》,社会科学文献出版社 2016 年版。

35. 卢现祥、朱巧玲：《新制度经济学》，北京大学出版社 2007 年版。

36. 刘崇义：《试论美国"新经济"发展模式》，《财经科学》2001 年第 2 期。

37. 刘树成、李实：《对美国"新经济"的考察与研究》，《经济研究》2000 年第 8 期。

38. 厉以宁：《简政放权与配有自主经营的市场主体》，转引自《创新驱动中国》，中国文史出版社 2016 年版。

39. 马化腾等：《"互联网+"国家战略行动路线图》，中信出版集团 2015 年版。

40. 马化腾等：《分享经济——供给侧改革的新经济方案》，中信出版集团 2016 年版。

41. 马建堂：《上半年 GDP 增长 6.7% 得益于新经济突起》，《新京报》2016 年 7 月 20 日。

42. 乔治·豪尔、马克斯·冯·泽德维茨：《从中国制造到中国创造》，中信出版集团 2017 年版。

43. 颖一等：《创新驱动中国——国家创新驱动发展战略解及实践》，中国文史出版社 2016 年版。

44. 宋玉华：《美国新经济研究——经济范式转型与制度演化》，人民出版社 2002 年版。

45. 水野龙德：《美国新经济为什么持续强劲?》，华夏出版社 2000 年版。

46. 田青、马健、高铁梅：《我国城镇居民消费影响因素的区域差异分析》，《管理世界》2008 年第 7 期。

47. 温源：《互联网金融乱象如何治》，《光明日报》2016 年 6 月

16 日。

48. 王健：《中国政府规制理论与政策》，经济科学出版社 2008 年版。

49. 习近平：《为建设世界科技强国而奋斗》，新华网，2016 年 6 月 1 日。

50. 薛阳阳、陈梅梅、董平军：《我国消费者网络购物商品偏好的区域差异研究》，《现代情报》2014 年第 8 期。

51. 向晓梅：《发展新经济引领民营经济做优做强做大》，《南方时报》2016 年 4 月 11 日。

52. 谢健：《经济结构的变动与区域经济的差异分析》，《中国工业经济》2003 年第 11 期。

53. 约瑟夫·派恩：《大规模定制——企业竞争的新前沿》，中国人民大学出版社 2000 年版。

54. 俞可平：《论国家治理现代化》，社会科学文献出版社 2014 年版。

55. 中共中央文献研究室：《习近平关于社会主义经济建设论述摘编》，中央文献出版社 2017 年版。

56. 张宇燕、姚仲枝：《2017 年世界经济形势》，《中国经济报告》2017 年 3 月 17 日。

57. 赵永新：《让经费为人的创造性活动服务》，《人民日报》2016 年 6 月 7 日。

58. 朱克力、牛禄青：《读懂新经济》，中信出版集团 2016 年版。

59. 张占斌、冯俏彬：《创新政府监管方式　助推新经济发展》，《光明日报》2016 年 7 月 29 日。

60. 张占斌：《从战略全局研判中国经济新常态》，《光明日报》2014

年 10 月 15 日。

61. 张占斌:《中国改革新起点》,人民出版社 2017 年版。

62. 赵雪冉、周文通、陆军:《京津冀区域经济空间差异研究》,《工业技术经济》2015 年第 12 期。

63. 郑涛、李达、石岩璞等:《京津冀区域经济差异时空特征分析》,《工业技术经济》2017 年第 1 期。

64. 张建华、孔繁涛、吴建寨等:《京津冀地区农村居民消费水平及消费结构分析》,《农业展望》2015 年第 2 期。

65. 张寻远、李文启:《城镇居民消费区域差异的影响因素及其效应——基于中国省份面板数据的实证分析》,《消费经济》2011 年第 6 期。

66. Douglas S P, Wind Y. "The Myth of Globalisation", *Columbia Journal of World Business*, 1987.

67. Hatibovic Dzemal, "American new economy: Achievements and problems", *Medjunarodni Problemi*, 2002.

68. Helsen K, Jedidi K, Desarbo W S, "A New Approach to Country Segmentation Utilizing Multinational Diffusion Patterns", *Journal of Marketing*, 1993.

69. Hwang W, Jung H S, Salvendy G, "Internationalisation of Ecommerce: A Comparison of Online Shopping Preferences among Korean, Turkish and US Populations", *Behaviour & Information Technology*, 2006.

70. Kreutzer R T, "Marketing-mix Standardisation: An Integrated Approach in Global Marketing", *European Journal of Marketing*, 1988.

71. Kahle L R, "The Nine Nations of North America and the Value Basis of Geographic Segmentation", *Journal of Marketing*, 1986.

72. Kahle L R, Liu R, Watkins H, "Psychographic Variation Across the United States Geographic Regions", *Advances in Consumer Research*, 1992.

73. Levitt T, "The Globalization of Markets", *Harvard Business Review*, 1983.

74. Samiee S, Roth K, "The Influence of Global Marketing Standardization on Performance", *Journal of Marketing*, 1992.

75. Steenkamp J B E M, Hofstede F T, "International Market Segmentation: Issues and Perspectives", *International Journal of Research in Marketing*, 2002.

76. Schmitt B, "Who is the Chinese Consumer? Segmentation in the People's Republic of China", *European Management Journal*, 1997.

后　记

　　本书是国家社科基金重大项目《把握经济发展趋势性特征　加快形成引领经济发展新常态的体制机制和发展方式研究》(批准号 15ZDC009)，以及深圳市政府和深圳行政学院委托课题《加快发展新经济的体制机制问题：中国发展新经济的问题与对策研究》的阶段性研究成果。

　　本书统稿之际，我有幸到"中国新经济发展的样板城市——深圳"去调研，对华为、大疆、华大等新经济发展中的世界级企业迅速崛起感悟颇深，是什么制度政策"土壤"催生了深圳新经济的蓬勃发展？华为作为世界排名第三的智能手机制造商为什么诞生于深圳？中国发展新经济可以穿越历史隧道、跨越文化和国界，汲取 20 世纪 90 年代美国新经济发展的历史经验，更可以梳理深挖深圳新经济发展与制度选择的成功经验，向全国辐射和推广。

　　值得欣慰的是，本书初稿在 2017 年 5 月"一带一路"峰会之前已经完成，恰巧其新经济的四大模块内容 (也是典型业态) 与外国留学生票选的中国"新四大发明 (高铁、网购、支付宝、共享单车)"①完全契合，即"中国制造 2025 对应中国高铁""电子商务对应网购""互联网金

_____

　　① "一带一路"国际合作高峰论坛于 2017 年 5 月 14 日至 15 日在北京举行，峰会前数日，北京外国语大学丝绸之路研究院发起了一次留学生民间调查，来自"一带一路"上的 20 国青年票选出心中的中国"新四大发明"，即国家名片：高铁、网购、支付宝和共享单车。

融对应支付宝""共享经济对应共享单车"。毋庸讳言，两者的契合凸显中国新经济发展已取得初步成效，而且新经济发展成果越来越被外国朋友认可和推崇，越来越多地融入他们的工作和生活。

本书的顺利出版首先感谢我的博士后合作导师、国家行政学院经济学教研部主任张占斌教授，感谢两年来老师给我学术上的悉心指导，做人立事的言传身教。尤其是引导和激发了我对新经济的研究兴趣，才使此书得以出版。感谢国家行政学院经济学教研部办公室鲍显庄主任和龚晓伟老师两年来的关怀帮助和鼎力支持。感谢经济学教研部董小君副主任、张青教授、马小芳教授、李江涛教授、黄琨教授、王海燕教授对我学业的指导和帮助。

感谢国家行政学院杨克勤副院长，在博士后学习期间，给予我学业和生活上的热忱帮助、关心支持！

感谢中国社会科学院工业经济所所长黄群慧研究员，在此书创作之中，在新经济发展前沿观点等方面给予的一些帮助和指导。

感谢首都经济贸易大学信息学院付东普副教授，为本书实证研究部分的网购数据的挖掘和处理分析花费了大量心血。感谢河北经贸大学宣传部樊亚宾老师，他利用繁重的工作和家务劳动之余，也欣然为本书搜集了大量素材。也感谢人民大学我即将走向工作岗位的师弟何俊男，他利用读硕的业余时间，不辞辛苦地帮我查阅搜集材料、整理修改图标等，为本书的出版作出了一定贡献。

感谢人民出版社经济与管理编辑部郑海燕主任，为本书的编辑校对付出的大量心血，为本书的早日出版放弃多个节假日的休息。

同时也感谢我的家人、亲人、朋友一直以来的支持、厚爱与陪伴！

孙　飞

2017 年 7 月于国家行政学院 3 号公寓